役割

Purpose —The reason that we work

なぜ、
人は働くのか

株式会社S・Yワークス代表
佐藤芳直

プレジデント社

私たち人間の使命は幸せになることです。
そして、幸せは仕事の中にこそあります。

まえがき

私が社会に出てから今年で34年になります。大学を卒業後、一貫して経営コンサルタントという仕事をしてきました。

現在日本には約250万社の会社がありますが、そのうちの3700社ほどの会社と仕事をさせていただいたことになります。

読者のみなさんの中には、経営コンサルタントという言葉が耳慣れないという方もいらっしゃるかもしれません。簡単にいいますと、その会社がどうすればより成長できるか、どうすれば日本だけではなく世界でも通用する強く良い会社にすることができるか、そして社会で必要とされる存在として会社を永続させるためにはどうすればいいのか——ということを、経営者や経営幹部の方々、そして現場の働く人たちと共に考え、答を出すことが主な仕事です。

私自身、仕事を通じて、これまで延べ何十万という働く人たちと接してきましたが、事業で成功をおさめる経営者、あるいは生き生きと幸せに仕事に打ち込んでおられる方々を見ていて気づかされたことがあります。

それは、「能力」ではなく「性格」というものが、仕事をするうえでいかに大切かということです。そして、その性格というものは、それぞれの人生や仕事に対する考え方という土台のうえに形成されるものであるということです。

この本は、常識としてのビジネスマナーやテクニックを教えるものではありません。仕事をするうえで、つまりはこれからの長い人生をより良きものとするために私が最も大事だと確信している「心のあり方」についてお伝えするものです。それは、この世に生まれた自分自身の役割とは何か、人間の本質とは何か、ということを考えることでもあります。

一昔前までは、社会に出て働くということは、生きるということそのものでありました。それは働くことなしには生きていくことができない時代だったからだともいえます。おそらく私は、この本を手に取ってくださった若い読者の親御さんと同世代のはずですが、きっと同じような思いを持たれているお父さん方も多いのではないでしょょうか。

しかし、いまの時代は、「生きる」ということと「働く」ということを分けて考える傾向があるように思えます。個人の時代とかワークライフバランスという価値観を否定するわけではありませんが、正直、違和感があります。

なぜなら、これから日本の社会は間違いなく「現役70歳時代」に入るからです。

現在20代の方であれば、50~60歳を迎える30~40年後には定年制はなくなっています。70歳まで現役で働かなくてはいけない、いや、働ける、そんな時代が待っているわけです。

そうであるならば、働くという自分の仕事と、自分の人生で目指していることが、同じ一つの道にあることこそが幸せなのではないか、と私は思うのです。

私はこの本を、社会人として働きはじめてまだ数年の若い方々に向けて書きました。同時に、これから若手を育てる立場となるリーダーのみなさんにも読んでほしいと願っています。

たとえ会社や職種、肩書や立場が異なろうとも、これから何十年という人生の大半を働くことによって過ごしていく読者のみなさんにとって、この本が少しでも仕事をするうえで、そして自分の人生を生きるうえで「勇気の種」になってくれたとしたら、これ以上の喜びはありません。

佐藤芳直

※編集部注……本文の中で、舩井幸雄氏の名字を「船井」と、本来の「舩」ではなく「船」と異なる表記をしている箇所があります。これは舩井氏が当時そのように表記していた事情によるものです。

役割――なぜ、人は働くのか◉目次

第2章 働く人としての役割 ―― 47

第3章 人間としての役割 —— 89

第4章　日本人に生まれた役割

第1章

すべての人は役割を持って生まれて来る

人生には両親から生まれた日とは別に二つの誕生日がある。

私は、人生には三つの誕生日があるのではないかと思っています。

一つ目は、父母によってこの世に生を授けられた「授命」としての日。私の場合でいえば、1958年（昭和33年）2月2日でした。港区・芝公園に高さ333メートルの東京タワーが完成した年です。

二つ目が、「ああ、この人は自分の人生の師だなあ」と思える人と出会った日。それは自分の命には使い方があると教えていただいた「立命」の誕生日でもあります。

そして三つ目は、「ああ、これが自分にとってこの世に生まれた役割だったのか」ということを知る「天命」の誕生日です。

私にとって船井幸雄という生涯の師となる人物に出会った日こそが、二つ目の誕生日となりました。

当時の私は、就職活動中の早稲田大学商学部の学生でした。

父親が会計事務所を経営していた関係で、幼少時から「おまえは会計事務所を継ぐのだ」と言われながら育ちましたが、その流れに沿うようにして、親に勧められて商学部を選んだわけです。

卒業を目前にして就職先を探すにあたり、私が最初に目をつけたのは大手の簿記学校でした。ここで何年か「簿記論」の先生をし、実社会の風を味わったうえで父の会計事務所を継げばいいという将来のロードマップを思い描いていたのです。その簿記学校は他社に比べて給料が際立って良いというのが大きな魅力でした。なにしろ初任給の平均額が11万円程度だった時代に、実に30万円もの初任給。しかも、１週間に担当する授業は8講座のみという好条件だったのです。

１９８０年（昭和55年）11月10日。キャンパスに黄色いポプラの落ち葉が舞う日。私は早稲田大学本部にある就職部に「就職表」を提出しに行きました。就職表の希望先欄に記入していたのは、もちろんその大手簿記学校の名称です。

その日は就職部が混雑していて、順番を待ちながらフロアーをうろうろしていました。壁面いっぱいに求人票が貼られています。なにげなくそれらを眺めていたとき、1枚の奇妙な求人票が目に飛び込んできたのでした。大きな赤丸が記されたその求人票には「初年度のボーナス8か月」という活字が躍っていました。社名は「日本マーケティングセンター」(現・「船井総合研究所」)とあり、業種は「経営コンサルタント」。代表者の氏名は「船井幸雄」(編集部注：当時の表記は「船井」であった)となっていて、本社所在地は大阪です。

〈エッ？　ボーナスがいきなり8か月！〉

それを見た私は、即、「危ない会社だな」と直感しました。

というのも、当時の経営コンサルタントという職種は日本ではまだ市民権を得ているとは言えない時代で、新聞の社会面にも経営コンサルタントを名乗る人物の悪辣な詐欺事件が報じられていたものです。それに、大阪のイメージが良くなかった。当時の私にとっての大阪は、猥雑な街、ヤクザ屋さんと酔っぱらいの目立つ街だというのが正直なところでした。

とはいえ、22歳の学生にしてみれば、「ボーナス8か月」というのが気になって仕方ない。うさんくささを感じ、前から立ち去ろうと思ってはいても、つい、その求人票に引き戻されてしまうのでした。

たまたま近くを通りかかった先輩に、

「これ、何ですか？　ボーナス8か月って書いてますけど？」

問いかけると、

「ああ、これね。ここはまっとうなコンサルタント会社だよ」

そう、教えてくれました。続いて、

「この〝セ・ン・イ・ユ・キ・オ〟さんって有名なんですか？」

と、質問すると、

「それ、〝フナイユキオ〟って読むんだよ（笑）。中堅どころの会社で、フナイ氏はコンサル系では日本の草分け的な存在だよ」

と、教えてくれたのをよく覚えています。

簿記学校の名称を記した就職表を窓口に提出し終えた後も、初年度のボーナスが8か月だという、この経営コンサルタントの会社のことが頭から離れません。

就職部がある建物を出た私は、

〈どんな会社なんだろう？　フナイさんって、どんな人なんだろう？　親父の会社を継ぐにしても、知っておいて損はないよな。見学だけでもしてみようかな……〉

そんな思いでジーンズのポケットを探って10円玉を取り出し、キャンパスにある公衆電話に向かったのでした。

受話器の向こうからは、こんな言葉が返ってきました。

「あら、採用は終了したのよ。でも、よろしかったら一度遊びに来ませんか？」

その一言に、思わず私は1週間後の訪問を約束していました。


1980年11月17日。

その日、何かに導かれるようにして港区・芝にある第32森ビルの中にある「日本マーケティングセンター・東京オフィス」を訪ねると、出迎えてくれたスタッフの方が私を見るなり、こう言いました。

「お待ちしていました。佐藤さん、あなた運がいいわよ。今日はたまたま船井幸雄がいるのよ。会って行きなさい、有名な人だから！」

そこで私は、二つ目の誕生日を迎えることになります。

それは、奇しくも私が最初の誕生日を迎えた年に完成した東京タワーが窓の外に迫って来るかのように見える部屋で起きた出来事でした。

人は誰でもこの世に「役割」を持って生まれて来る。

日本マーケティングセンターの東京オフィスに向かうにあたり、私は大学生協の書籍コーナーをのぞいてみました。

「船井幸雄」という名前ですら読めなかったほどですから、それまでは気にもとめていなかったのですが、意識して探してみると、『変身商法』『ファッション流通革命』『包み込みの発想』など、その著者名の本がずらりと並んでいます。

後になって知った話ですが、当時の船井先生は、「自分が経営コンサルタントとして担当する会社の競合の会社は叩き潰す！」といった感じの強気のコンサルタントとして知られ、周囲からは「喧嘩の船井」などと呼ばれ、注目を浴びていたそうです。

面接という意識はありませんでしたが、そこは22歳の学生です。予期せぬ展開に緊張しながら社長室の扉を開けると、デスクの向こうで、アタマがつるつるの小柄な男性がペンを片手にニコニコと微笑んでいました。布袋《ほてい》様を思わせるような柔和な表情に、両肩の力がス〜ッと抜けていくのを感じたものです。

「佐藤芳直君というのか。そうか、まあ座りなさい。よく来てくれました」

そう言うと、しばらくは机上に置いた原稿にペンを走らせていました。

11月17日の午後4時を少し過ぎた時間帯。窓から差し込む夕日がうつむいた先生のアタマを照らしていて、思わず「いやあ、きれいなアタマだなあ」と見惚れていました。

やがて先生はペンを走らす手を止めると、満面に笑みを浮かべて私に問いかけてきたのでした。

「君は、何のために働くのかね？」

唐突な質問に、私は絶句してしまいました。

それまで、何のために働くかなどと一度として考えたことはありませんでした。「父の会社を継ぐからです」という答ではあまりに間抜けです。「お金のためです」では、もっと間抜けです。頭の中が真っ白になりました。ただし、そんな精神的動揺とは裏腹に、そのときの私の表情は緩んでいたと思います。それはいまから考えると、先生の笑顔から発せられる包み込むような空気感のせいだったような気がします。

私にはわからないことがあると黙ってしまうという悪いクセがあります。しかもそのときは、なぜかニコニコしながら押し黙ってしまったのですから、先生には不気味な印象を与えたのではないでしょうか。

すると、船井先生の方から口を開いたのでした。

「人間、生まれたからには、必ず役割を持っているんだよ。ただしその役割は、働くことによってしか果たせないんだぞ。覚えておきなさい」

思わず私は、オウム返しに問いかけました。

「私のような人間でも、役割を持って生まれて来たんでしょうか?」

すると先生は、私の目を静かに見つめながら、

「おまえみたいな人間でもだ。生まれて来た人間はみな役割を持っている」

そう答えたのでした。さらに先生は、

「よく一所懸命働きますと言うけど、それじゃあ、なぜ一所懸命に働かなきゃいけな

いかわかるか？」

そんな質問を重ねてきます。

気の利《き》いた答を探しあぐね、例によってニコニコしながら沈黙していると、

「人の2倍働いてごらん。そうすれば2分の1の時間で自分の役割に気づくかもしれない。3倍働けば、3分の1の時間で自分の役割に出会うかもしれない。自分の役割に1日でも早く気づけたとしたなら、それは幸せな人生だと思わないか？」

船井先生のそんな言葉がぐさりと胸に突き刺さり、得体のしれない高揚感が身体中を駆け巡ったことをいまでもはっきりと覚えています。

自分の果たすべき役割とは何なのだろう……。

一所懸命に働けば、自分の役割が見えてくる……。

22歳の学生は「役割」という言葉に突き動かされ、無性にこの人のもとで働いてみたいという思いがこみ上げてくるのを感じていました。

こうして私は、日本マーケティングセンターへの入社を決意したのでした。

その後、私は数多くの立派な企業経営者たちに接してきましたが、彼らに共通しているといえることは、みなさん、何らかの労働観、あるいは死生観や人生観を持っていると

いうことです。そして、その労働観や人生観を得るに至ったそれぞれのキッカケがあり、導いてくれた人生の師がいるということです。

私にとっては、まぎれもなく船井幸雄先生がその人でした。

それ以降、私の傍《かたわら》にはいつもこの「役割」という言葉が寄り添っています。

私が船井先生と初めて出会った第32森ビルは、いまもその場所に存在しています。

私はこの二つ目の誕生日をいつまでも心に刻み続けるために、いまでも年に数回は辺りの風景を眺めに出向いています。

人間、生まれたからには必ず役割を持っている——この言葉は、まぎれもなくその後の私の人生の礎《いしずえ》となった金言です。

人間の「役割」とは誰かに喜ばれる人生を送ること。

では、私自身の「役割」とは何でしょうか？

実は、自分の役割を探すという作業は思いのほか難しいのです。ただし、それを発見するためのアプローチ法はいたって単純です。

舩井先生から教えられたことですが、目の前にあることに一所懸命、全力で取り組む。どんな難問が立ちはだかろうと、決して現実から目を背《そむ》けない。

そんな姿勢を持続させることが、自分の役割にたどり着くための最短のアプローチ法だと思います。

とはいえ、私自身、本当に自分の役割に気づいたかと問われれば、確信が揺らいでしまいます。もちろん徐々にわかってきてはいるのですが、何かを捕らえたようでいて、指の間からするりと抜け出てしまう。それが私自身の役割という存在。もしかしたら、それは永遠の命題なのかもしれません。

ただし、その役割というものをわからせてくれつつあるのが長男の由樹の存在です。由樹は先天性発達遅滞という重い障害を持って生まれ、知的障害もあります。これは健常児の1％程度しか発達ホルモンが分泌されないという難病で、ゆっくりゆっくり成長はしているものの、いつまでたっても小さいままです。

そんな由樹からあることに気づかされたのは、彼が4歳の春のことでした。

我が家には昔から、津軽半島の岩木山6合目にあるふきのとうを採って「ふき味噌」をつくるという習わしがありまして、例年どおり仙台からクルマを駆って連れて行きました。彼は6歳まで歩けませんでしたから、草の上にちょこんと座り、私たち夫婦や私の両親のふきのとう採りを応援していました。

それから数日たったゴールデンウィークのある日のこと。私は庭で読書をし、由樹は私の足元の籠の中で日向ぼっこをしていました。ふと見ると、いつの間にか彼は周りの草を熱心にむしっては籠に入れているのです。

「手がかぶれるから、草むしりなんかしなくていいよ。パパがするから」

と声をかけたのですが、彼はニコニコしながら草むしりを続けています。

まあいいかと思い、しばらく読書を続けていたのですが、ハッと気づきました。

「由樹クン、それ、もしかしたら、ふきのとうなの？」

問いかけると、笑みを浮かべて、

「アイ！」

と答えるのです。

「じゃあ、おばあちゃんのところに持って行こうか？」

そう聞くと、ニコニコしながら、

「アイ！」

と言うのでした。

私は由樹を連れて、我が家の3階に住む母の部屋をノックしました。顔をのぞかせた母に、

「由樹クンがプレゼントがあるんだって」

と籠を見せました。勘のいい母は、籠の中をのぞくとすぐに、

「由樹クン、それ、ふきのとうなの？」

と問いかけてくれました。由樹はニコニコしながら

「アイ！」

と応じ、小さな手で一所懸命草をつかんで、母に手渡すのです。母はそれを受け取ると、押し抱くようにして「ありがとう」と言いました。

その瞬間、由樹が「世の中にこんな楽しいことがあるのか！」とでも言いたげな声を出して笑ったのです。それは、過去に一度も耳にしたことがないような大きな笑い声でした。瞬間、私の全身に何とも言えぬ暖かいさざ波が広がりました。

そのとき、私にはある確信が芽生えました。それは、

「人間は誰かに喜ばれるために生まれて来たのだ！」

という思いです。

由樹は重い障害を持って生まれて来ましたが、ただそばにいてくれるだけで、そしてささいな何かをするだけで、私たち家族は喜びをもらっています。そうなのです。人間というのは、誰かに喜ばれるために生まれて来た生き物なのです。そして、「ありがとう」と言われながら成長していく。それが人間の本質なのです。

だからいつも思うのです。たとえあなたが人より背が小さくても、顔がイケメンでなかったとしても、学校の成績が良くなかったとしても、社会に出て誰かのために働いているとしたなら、実はそれだけでお父さんにもお母さんにも、周りの人々にも喜ばれているはずだと。

人間の役割とは、誰かに喜ばれるという一点にあるのではないか。そして、誰かに喜ばれるための手段として仕事があるのではないか。喜ばれるという領域を外に向けてどんどん広げていくことが仕事をするということではないか。そうであるならば、仕事を通じて誰かに喜ばれているかどうかと自分に問いかければいいのではないか……。

そのあたりの考えが、最近になってようやくはっきりとわかってきたように感じます。

あなたが仕事で「ありがとう」と言われることが両親の一番の喜びにつながる。

舩井先生の会社に入社して7年ほど過ぎた頃、ある短期大学の経営コンサルティングの仕事を担当したことがあります。

経営戦略を練るにあたり、まずは若者たちがどんなことを望んでいるのかを知りたくて、17歳から27歳の複数の男女を対象にアンケート調査を実施しました。

そのアンケート項目の一つに、「あなたが言われて、一番うれしい言葉は何ですか?」という設問がありました。

あなたなら、何と答えるでしょうか?

カッコいい? センスがいい? きれい? ハンサムだね? それとも、俳優の○

○に似ているね？

余談ですが、私は以前、「大橋巨泉に似てるね」と言われて、がっかりしたことがあります。

さまざまな回答がありましたが、集計の結果、80％近くの方々が「ありがとう」と答えられていました。

「人生は〝ありがとう〟を探す旅路」という言葉があります。

人生とは、「ありがとう」という言葉をどれだけ集めたかが大切だよという意味です。たしかにその言葉を集めれば集めただけ、人は成長するのだと思います。

言い方を変えれば、由樹の「ふきのとう」の事例でお伝えしたように、人間は誰かに喜んでもらっている自分を発見して成長するということになります。

そして、「ありがとうを探す旅路」の中で、たくさんの「ありがとう」を言われるための一つの手段として仕事があるのです。

仕事上の自分の役割を首尾よくこなし、お客様や仲間に「ありがとう」と喜ばれれば、その人は達成感を覚えます。その達成感がエネルギーとなって、さらに次なる「ありがとう」を引き寄せるのです。

その意味でも、とくにチームリーダーとでも呼ばれる立場にあるような人は、スタッフに対して「ありがとう」の一言を忘れてはならないと思います。デスクの清掃をしてくれた。取引先にフォローのメールを打っておいてくれた。あるいは会議の段取りを自主的に整えておいてくれた。そんなささいなことであっても、心の中で感謝しているだけでなく、きちんと言葉に出して、「ありがとう」の一言を忘れないこと。その一言で、スタッフは成長するのです。

親子の間でも、「ありがとう」は大切です。

親になってみてつくづく実感することですが、親というのは子どもに何かをしてもらって、「うれしい」と感じる数々の幸せの場面を与えられます。

由樹にふきのとうのつもりの草をプレゼントされた私の母は、うれしくて、うれしくて、それを押し抱くようにして「ありがとう」と感謝しました。由樹は、私にバースデーケーキを作ってくれたこともあります。つたないケーキではありましたが、私にしてみれば涙がこぼれるほどにうれしかった。

しかし、もっとうれしい場面があります。それは、由樹が誰かに喜ばれることをして、「ありがとう」と言われている姿を見ることです。どちらがうれしいかと聞かれれば、「ありがとう」と言われている姿を見ることの方がうれしいと、私は迷いなく答えます。

由樹が私の母にふきのとうのつもりの草をプレゼントして、母が大喜びしました。それを見た由樹は、「世の中にこんな楽しいことがあるのか」とでも言いたげな笑い声を上げて喜びました。

しかし、あのとき、一番うれしかったのは、そんな二人を見ている私だったかもしれません。母に「ありがとう」と言われている由樹の姿を目にすることができたからです。

親というのはそんなものなのです。

あなたが給料の一部でお父さんやお母さんに何かをプレゼントすれば、ご両親はさぞや大喜びすることでしょう。年を重ねたご両親であれば、しばらくそれを神棚にあげておくかもしれません。

しかし、親にとって本当にうれしいのは、仕事を通じて仲間やお客様に「ありがとう」と言われている自分の息子や娘の姿を見ることです。といっても、いっしょに商売をしているような家庭でもない限り、実際には仕事場のあなたの姿をご両親が見る機会はまずあり得ないでしょう。でも、仕事を通じて「ありがとう」という言葉を集めることができたあなたの姿は、ご両親にはきっと見えるはずです。

たびたびお伝えしているように、「ありがとう」の一言は人を成長させます。その成長の様子を誰よりも敏感に感じ取るのがご両親です。久々に会った息子や娘の言動やしぐさ、そして何より表情の変化に、ご両親は成長の証《あかし》を感じ取るのです。

あなたが「ありがとう」という言葉を集められるような仕事をすることが、両親が本当に喜ぶ親孝行につながるのです。

幸せになるために「能力」は必要ない。大事なのは「性格」。

私は経営コンサルタントという仕事を通じて、これまでさまざまな業種の何十万という働く人たちと出会ってきましたが、その中で仕事で成功したり、幸せな人生を送っている人々を見ていて確信するのは、人は「能力」ではなく、「性格」によって幸せになるのだということです。

そして、幸せになる性格を一言で表現すれば、「良いと思うことをすぐできる性格」ということになります。

人間には誰にでも「良知」、すなわち何が良いことで何が悪いことなのかを見分ける力が備わっています。それも生まれながらに備わっています。

息子の由樹がまだ2歳頃のこと、家内が彼をお風呂に入れていたとき、まじまじとその顔を眺め、かわいいと感じるとともに、「この子の将来はどうなるのかしら?」という思いがこみ上げてきて、ポロポロと涙を流してしまったことがありました。すると、まだ何もしゃべれなかったはずの由樹が手を伸ばして家内の頬に触り、こう言ったというのです。

「ママ、だいじょうぶ?」

仰天した家内は、私のもとにすっ飛んで来ました。

「大変!　由樹が『ママ、だいじょうぶ?』としゃべったのよ!」

私は「まさか!　無理だろう」と感じる一方で、きっとそうしゃべったに違いないと確信めいたものも同時に感じました。

人間には良知があります。どんな小さな子でも、そして障害があってもなくても、母親が泣いていれば、「ママ、だいじょうぶ?」と思い、お友達が泣いていれば、心配して顔をのぞき込むものなのです。

その良知が遺憾なく発揮され、育っていく中でこそ、人間は成長していくのだと思います。

ところが、この良知によって良いことを感じ取り、即行動に移そうとしたときに邪魔するものがあるのです。それは、損得の概念です。

たとえばあなたが電車に乗っているとします。運よく席に座れました。そこに次の駅から大きな荷物を持ったおばあさんが乗ってきました。多くの人は、「席を譲ってあげよう」と思うはずです。しかし、席を立つタイミングを一瞬のがしてしまうと、頭の中で色々考えてしまいます。

まだ降りる駅まで随分あるなあ……。昨日は仕事が忙しかったから、少しでも休みたい……。誰か他の人が立つかな……。

何秒も考えているわけではなく、ほんの一瞬で、頭の中であれこれ考えてしまうのです。

損得の概念が悪いわけではありません。人間ですから、損得勘定は当たり前です。ただしもともと備わっている「良知」、すなわち善悪を感じ取る概念が損得勘定に負けてしまうのは問題です。

一瞬の間が空き、あれこれと損得勘定を巡らせているときに、自分より年配の方が席を譲ろうと立ち上がり、つられて自分が立ち上がって席を譲るということもあるはずですが、これはあまり気分の良いものではありません。

人間は「良知」を備えていて、物事の善悪がわかる。だから、良いと思ったなら即行動していれば、大きな失敗にはめったに出会いません。これは断言できます。

逆に間を置いて、あれこれ計算して行動してしまうと、どうしても思い違いをしてしまったり、失敗することがあるものです。

この「良知」に関する問題は、私は講演でもよく取り上げるテーマですが、ときとして、「良いと思って即行動した結果、失敗したことはありませんか？」という質問を受けることがあります。そんなとき私は、次のようにお答えしています。

「もちろん失敗することはあるでしょう。人間ですから。でも人間は、失敗の中から学ぶことができます」

失敗の中から学ぶ。ただし、この失敗には条件があります。

自らの良知に基づいて即行動を起こすことによって招いた失敗の中からは学ぶことが多々あるのですが、自らの良知によるものではなく、誰かに命じられて行動した結果として招いた失敗には学ぶところが少ないのです。どうしても誰か他の人のせいにしたり、場合によっては恨みさえ抱くこともあり、学ぶどころではないでしょう。

さらにいえば、良知が働いたのに何も行動しなかったけど、おかげで失敗もしなかったという人には成長が期待できません。それどころか、そんな姿勢が後に大きな失敗につながることもあるのです。社会人となって1～2年目の新人が犯した失敗なら、周囲も「まあ、成長の糧だから」と大目に見てくれるところがあるはずですが、3～4年もたって大きな失敗をしてしまった場合、何より当人が切ない思いを味わうはずです。

もちろん成功体験も学びではありますが、失敗体験の方がより強烈に心に刻まれます。「ああ、失敗しちゃったなあ。ああやればよかった！」と反省する。それが学びなのです。

電車の中で席を譲ろうと思ったなら、何も考えずに即立ち上がる。まずはそのあたりのことからはじめてみませんか？

第2章

働く人としての役割

仕事がうまくいかないのは売り上げが伸びないからではなく、あなたが喜ばれていないだけ。

本書の主題は、タイトルからもおわかりのように「役割」についての考察です。人としての役割、仕事上の役割、家族の中の役割、日本人としての役割……。私たちはさまざまな役割を担って生まれて来ましたが、この役割という言葉を別の表現に置き換えるとすると、それは「目的」という言葉になります。

生まれて来た目的、仕事をする目的、子育てをする目的……。生きている限り、人にはそれぞれに生きて行くうえでの目的があるはずです。そして、その目的を一言で表現すれば、相手から「ありがとう」と喜ばれることに尽きると思います。

一方に、「目標」という言葉があります。

どこが違うのでしょうか？

目的とは「何のために」ということであり、目標とは「何を目指すのか？」ということになります。

端的にいえば、目標とは目的を達成するためのステップ、道標のようなものです。そして、目的というのはどちらかといえば抽象的なことが多いのですが、目標はあくまでも具体的なことが特徴です。

社会人になれば、当然、目標が与えられます。とくに営業職ともなれば、「売り上げ目標○○億円」「集客目標○万人」というように、具体的な数字を担う場合が少なくありません。目標の達成率は給与や賞与、あるいは昇進に関連しています。中には、個々のスタッフの目標達成率をグラフにして貼り出し、競争心を煽る会社もあるようです。すると、

「どうも売り上げが上がらない」

「どうしたら売り上げが伸びるのか？」

「社内評価が低いようだ」

「どうすれば評価が上がるのだろう?」

そんなふうについ目標の数値に捉われてしまい、肝心かなめの目的から目が離れてしまいがちになります。そして、その数値に縛られながら、日々の業務をこなすことだけに追われてしまう。それが人間というものでもあります。

これは、前述した「良知」の問題と同様です。

良いと感じたなら即行動しない限り、損得勘定が働いてしまい、結果的に「良知」が損得勘定に負けてしまうのと同じ心のメカニズムが作動してしまうのです。

目標に目がいくあまりに肝心の目的から目が離れてしまうと、考え方がだんだんと本筋から外れ、気がつくと意図しなかったようなゴールにたどり着いてしまっているという危険性もあります。

なぜ、業績が上がらないのでしょうか?

どうして、評価されないのでしょうか?

答は簡単です。これは、目的を達成していないからに他なりません。お客様や仲間に「ありがとう」と存分に喜んでいただいていないからだと考えてください。逆に考えれば、あなたが目的から目を離さない限り、必ず自分で答を発見できるということになります。

私はどんな大会社であっても、あるいはどんな大社長が相手であっても、業績不振の原因を尋ねられたときには、

「簡単ですよ。あなたの会社の業務が、あなたが思っているほどお客様に喜ばれていないからです。どのようにしてお客様に喜ばれるか、その一点だけを考えましょう」

と、アドバイスしています。

社長であれ、重役であれ、そして新入社員であっても、「ありがとう」と喜んでもらうという目的から目を離さないということが大切なのです。


九州の博多に、私に「目的」の大切さを教え続けてくれているおまわりさんがいます。

その人に出会ったのは、いまから5年ほど前のことです。その日、内藤という社員とともに博多に出張していました。博多駅には夕方の5時頃到着したのですが、新幹線を降りて「博多口」を出ますと、前から酔っぱらった足取りの男が歩いて来るのが見えました。ぶつからないようにとコンコースの端っこを歩いていると、前方から元

気のいい男性の声が聞こえてきたのでした。

ふと声の方向に視線を向けると、声の主は一人の警察官でした。彼は、交通整理のときに使用する箱のような指揮台の上に立ち、コンコースを行き来する通行人に、

「ご苦労さまでした！」

「お疲れさまでした！」

一人ひとりの目を見ながら声をかけ、敬礼を繰り返しているのです。その姿にはなんのてらいもありません。そして、たまに挨拶を返してくれる人がいると、

「挨拶、ありがとうございます！」

さらに敬礼をしていました。

〈こんなおまわりさんがいるなんて！〉

私は、その場に呆然と立ち尽くしてしまいました。するとなにやら熱いものがこみ上げてきて、涙がボロボロこぼれ落ちるのを止められませんでした。

博多駅で出会った警察官が教えてくれた「働く」ということ。

通行人一人ひとりに、「ご苦労さまでした」「お疲れさまでした」と声をかける。私が見ている限り、挨拶を返す人は全体の３割くらいしかいません。あとの方々は素通りです。それでも、そのおまわりさんは敬礼を繰り返し、通路を足早に行き来する人たちに声をかけ続けています。

私は仕事で日本だけでなく、世界中を旅していますが、それまでこんな光景は目にしたことがありません。

そのとき傍に誰もいなければ、おそらく立っていられなくてうずくまってしまったかもしれないほどに、私は魂を揺すぶられました。ふと横を見ると、社員の内藤も泣いているようでした。

思わずそのおまわりさんのもとに近づき、氏名を名乗ったうえでお名前をうかがいました。

そのおまわりさんのお名前は木林恵介氏。福岡県警鉄道警察隊の巡査部長（当時）でした。自分の仕事に時間的な余裕があるときは、こうしてコンコースに立ち、1時間、2時間と帰宅途中の人々に大きな声で挨拶をされているのだと言います。

「なぜ、こんなことをしているのですか？」

と質問すると、

「警察官の仕事は犯罪者を取り締まることです。でも、もっと大切なことは、犯罪を防止することにあります。このコンコースをみなさんが安心感を持って通っていただけるようにするために自分に何ができるのかを考えたときに、大きな声で挨拶をして、ここに警察官がいることをみなさんに知ってもらおうと考えました」

そんな答が返ってきました。

「いま目にした光景を、講演会で伝えてもいいですか？」

と私が問いかけると、彼は、

「本官のことを語ってくれるのはうれしいことです。ただし二つだけ条件があります。一つは、自分がここで挨拶ができるのは、この時間、派出所を守ってくれる仲間がいるからです。そのことを必ず同時に伝えてください。もう一つは、日本中の警察官がこういったことをやりたいと思っているということを伝えてください」

そう言って、私の目を直視して敬礼してくれました。

木林巡査部長の行為は治安を守る活動の一環だとも考えられますが、ではなぜ他の警察官が同様のことをしないのか？　それは、「駅のコンコースに立って、挨拶をする」などという業務が、警察官の仕事のマニュアルにはないからに他なりません。そのため、何か治安を守る活動をしたいと思っていても、木林氏のような着想に恵まれない人がほとんどなのではないでしょうか。

一方、木林氏は自分の仕事の「目的」を真剣に考えました。そして、「自分の仕事の目的は市民の安全を守ること。そしてこのコンコースを通る人々が安心感を持つことだ」という結論にたどり着いたのでしょう。

良知によって良いことだと感じることを即実行できる人のことを、私は「人材」ではなく、「人財」と呼んでいます。「あなたの会社は人財に恵まれていますね」という場合、それはとりもなおさず、「良いと思うことをすぐ実行に移せるスタッフがたくさんいますね」ということなのです。

その意味で、木林巡査部長は福岡県警鉄道警察隊の、そして福岡という地域のまさに「人財」だということになります。

人財だと評されるためには、まず「良い」と思うことに気づかねばなりません。私は木林氏を見ていて教えられたのですが、たえず自分にできることがないかと探し求め、発見し、行動しようとする前向きの姿勢、これが「人財」の条件の根本だと思います。

その気になって探し求めれば、自分にできることは必ずあります。

ささいなことでもいいのです。会社のデスクの引き出しにいつも四季の絵葉書を用意していて、その日名刺交換したお客さんには必ずお礼の葉書を出すということを心がけているビジネスマンがいます。あるいは、どんなに忙しくても、もらったメールには即返信するということを習慣づけているビジネスマンもいます。そんなささいなことの積み重ねが「人財」を育てるのだと思います。

ところが、私もそうですが、人間は自分にできる「良いこと」をなかなか探そうとしません。そこには、損得勘定もあるでしょうし、人から妬まれたら嫌だという気持ちがあるかもしれませんし、あるいは、「自分だけがそんなに頑張らなくても」と自らブレーキをかけてしまうこともあるのではないでしょうか。

しかし、会社も、社会も、「自分にできることが何かないだろうか？」と探し求め、探しあてたなら即行動するという「人財」によって支えられているのです。

私はその後、博多に出張した際に数回木林巡査部長にお会いしています。きっと今日もあのコンコースで大きな声で挨拶をしながら敬礼をしているのではないでしょうか。

仕事で失敗したときは評価を上げる絶好のチャンス。ただし、同じミスは3度まで。

前述した博多駅の木林巡査部長の声掛けの様子は、その後いくつかのメディアで紹介されたこともあり、いまや博多のちょっとした名物風景になられたようです。最近では彼のもとに駆け寄った子どもが握手をして、ガッツポーズをしている様子も見られます。

自分のできることを探して、良いと思えばすぐに行動する人間。それが結果として世のため人のためになっているのだということは、子どもにもわかります。無垢な子どもは、そのあたりのことを大人よりも敏感に察知するものなのです。子どもたちにしてみれば、木林巡査部長は「カッコいい」存在。そして、子どもたちにカッコいい姿を見せるのも、大人に課せられた大きな役割の一つだと、私は思います。

彼を見ていて感じるのですが、自分にできることは何かと考え、発見したならすぐに行動できる人には必ず味方ができます。それは本当に断言できる事実です。

中には、「自分にできることを探して即行動するなんて、周囲には余計なことだと思われるんじゃないか……」という杞憂を述べる方もいるかもしれません。

たしかに何か良いことをしたときに、「なんだよ、目立つことしやがって」と陰で批判する人は必ずいるものです。やっかみがあるかもしれませんし、とかく出る杭は打ちたくなるというのが世の中でもありますから。

しかし、そんなことはどうでもいいことなのです。なぜなら、批判をする人以上に、「良いことをしているな」という賞賛の視線で見ている人がいるからです。そうなのです、「人財」だと認めてくれる人が必ずいるというのもまたこの世の中なのです。

社会に出て3年ほどたって会社の仕組みが少しは俯瞰《ふかん》できるようになり、周囲にも「そろそろ戦力になるな」と認められてきた頃、何か新しいことにチャレンジしようとして、一方で「失敗が怖いな」と躊躇《ちゅうちょ》する人が少なくありません。

入社後3年目の失敗は3点に集約されます。30年以上に渡り経営コンサルタントをしてきて、少しは変化があるのかなと思っていたのですが、若者の失敗の原因だけは昔もいまも変わらないのが不思議といえば不思議です。

まず失敗の一番目は、「すぐにやらなかったことで起きる失敗」です。「はい、はい」と返事をして、後でやろうと思い、心のどこかに留めておいたつもりなのに、やがて失念してしまう。人間は忘れる動物なのです。すぐにやっておけば良かったものを、後回しにしたがために忘れてしまい、何をどうやればいいかと混乱したときに、「アレッ!?」と気づいて後悔する。これは社会人になったばかりの頃に多い失敗です。

次に失敗の二番目は「確認を怠った」場合です。いつまでにやっておけばいいのか、どのように仕上げるのかを自ら確認せずに、「はい、はい」と安請け合いしてしまう。その結果としての失敗。こうした確認ミスで起きる失敗がことのほか多いのです。おわかりのように、「これはいつまでに必要なのでしょうか?」と一言確認さえすれば防げるはずのミスです。

そして失敗の三番目は、「報告をしないことによって起きる」場合です。

どんな仕事であっても、同僚や上司に状況を小まめに報告することが大切です。ぎりぎりまで報告しなければ、間違っていた場合の修正をする時間も無くなってしまい、誰もフォローのしようがありません。

私の経験からすると、すぐにやらなかったことが引き起こす失敗が全体の60％、確認ミスが30％、報告ミスが10％ほどの比率になります。

もっとも、人間は失敗を通して学習するものです。

すぐにやらなかったことで失敗しても、そこから学んでその後何事もすぐに行動するようになれば、やがて、「あいつは行動が速い、テキパキやるね」という評価にガラッと変わります。実際、先輩から見て、言ったことをすぐにやってくれる後輩は一番頼もしい存在なのです。

同じく、確認をしなかったことによる失敗を糧にすることができた人は、正確性の高い人間になれます。「あいつに頼むとミスがない」と評される人になることができるのです。物事は確認して、確認して、確認しながら行動すると、ミスはなくなるものです。

そして、報告ミスによる失敗を糧として学習した人は、コミュニケーション能力を身につけることができます。失敗に懲りて、何事もこまめに報告するようになれば、意思の疎通がはかれてミスも少なくなるものです。

すぐ行動せずに失敗した人が、反省してすぐに行動するようになると、「あいつ速いよね」となり、確認ミスに懲りて確認の習性を身につけると、「あいつは正確にやってくれるよね」となる。報告ミスで失敗した人が密に報告するようになれば、「あいつはコミュニケーション能力が高い」と評されることになります。

スピード、正確さ、コミュニケーション能力。

この三つは、どんな時代も企業が若手社員に求める3大要素ですが、いずれも失敗によって身につくものです。

とはいえ、同じ理由での仕事上の失敗は3回までと肝に銘じてください。

1度目は「学び」。2度目は「教訓」。そして3度目の同じ失敗は自分自身への「警告」と受け止めましょう。

メモ取る、見送る、手紙出す。新人がまず身につけるべき三つのクセ。

東京タワーが間近に迫って来るかのような部屋で船井先生に出会って5か月が過ぎた1981年4月1日。

私たち新入社員計5名は入社式をやっていただきました。

当時の日本マーケティングセンターは社員数70余名。すでに各界が注目する関西の経営コンサルタント会社の雄ともいえる存在でした。

そのリーダーである船井先生がどんな話をしてくれるのか、私はワクワクしながら式に臨みました。

船井先生のお話は、9時30分ちょうどにスタートしました。

「相手のことを、一所懸命親身になって考えなさい。そのためにはまず三つのクセをつけることです」

そのように前置きし、私たち新入社員に対し、先生がまず投げかけてくださったのは、

●メモを取る

●必ず見送る

●手紙を出す

という「身につけるべき三つのクセ」についてでした。

当時の私はまだ学生気分が抜けておらず、ちゃらんぽらんのところがありましたから、

〈メモとか見送りとか手紙とか、なんだか小学校の校長先生の訓辞みたいだな〉

と思ったというのが正直なところで、生意気にもちょっと期待外れな気がしました。

ところが、その後に続く船井先生のスピーチに引き込まれていったのでした。

まず、メモを取るというクセの必要性について、先生は次のように説明されました。

「誰かの話を聞きながらメモを取るということは、あなたの話を真剣に聞いています

よという姿勢を示すことだ。いいか、相手の目を見て、ときどき大きくうなずきながら、そして『なるほど』とか、『わかりました』などと相槌を打ちながらメモを取るんだぞ」

するとと忘れもしません、私の隣にいた同期の斎藤君が、

「舩井先生！　相手の目を見ていたら、メモをとれません！」

と、返したのでした。舩井先生は、「余計なことを言うな」と一喝し、

「相手の目を見るんだ！　うなずくんだ！　『なるほど』とうなずかれたら、相手はうれしいもんだぞ。それが、小声で〝ハイ、ハイ〟などとこっちも見ないでメモだけ取っていたら、そんな奴にちゃんと教えようとは思わんだろ！」

そう続けるのでした。そこで一呼吸置くと、あらためて私たちの顔を見渡し、

「ただし、『わかりました！』と返事をすると、うちの先輩社員の中には『どうわかったんだ』と突っ込んでくるようなのもいるから、危ないかもしれない。そんな場合には、『わかったような気がします』というのが良い」

と、ニヤリとするのでした。

お気づきのように、舩井先生は痒い所に手が届くようにして、細かく細かく噛み砕

きながら話をしてくれるのです。

次は、見送るクセについてです。

「君たち新人はヒマだろ。ヒマなのだから、いいか、絶対にお客様を1階のロビーまで見送るんだぞ」

そんな言い方をされました。するとまた、新入社員の一人が、

「見送りのエレベーターの中ではどんな話をすればいいのでしょうか？」

と質問をしました。すると、

「その場で終わる天気の話でもしてればいいんだ。君たち新人は業績がどう、商品がどうだといったややこしい話はしないでよろしい」

嫌な顔一つせずに、即座に答えてくれるのでした。そして、

「どんな人にも気分よく帰ってもらうんだ。それが好かれるコツだよ。見送りが丁寧な人ほど、必ず成長するものだよ」

という言葉を添えられたのです。

さまざまな企業を訪問して帰ろうとするとき、エレベーターホールまで送る人、エレベーターにいっしょに乗り込み、下まで降りて来て見送る人、そして外まで出て来

て見送る人とさまざまです。私はその後、３０００人ほどの経営者、何万人もの経営幹部とコンサルティングの現場で仕事をしてきましたが、「見送りが丁寧な人ほど成長する」という鉄則は間違いないようです。

どこまで見送るかはその人の流儀によりますが、成長した会社の経営者や経営幹部の顔をあらためて思い浮かべますと、どの人も別れた後に余韻が尾を引くと言いますか、いい気分でその会社を後にさせてくれているものです。

そういえば、サービス業の世界には、「迎え三歩に送り七歩」という昔からの格言があります。

人間は共に過ごす相手の時間を喜びに変えながら生きることができる。

仕事をしていくうえで「手紙を書く」ということも身につけておくべきクセです。

船井先生は、次のような表現でその大切さを伝えてくれました。

「手紙というのは、相手に思いを馳せるという意味を持っている。どんな言葉を伝えよう、何を書いて差し上げようと、誰かに思いを馳せることにより、人間には力がつくのだよ」

そして、さらにこう続けました。

「1日3通以上の手紙を書いて、大物にならなかったヤツはいないと思う」

そんな言葉を添えて、部屋を出て行かれたのでした。

１日３通。１年に１０００通の手紙を出すというクセは、あのとき以来、私が守り続けていることの一つです。

メモを取る、必ず見送る、手紙を出す——これら三つのクセを通じて、先生が私たちに伝えたかったこととは何でしょうか？

それは、人間とは、共に過ごす時間を誰かの喜びに変えながら生きていくことができる存在であり、その天賦の才を活用しなさいということだと思います。

人をお見送りするとき、エレベーターホールで、「ありがとうございました」とアタマを下げるのもいいでしょう。しかし、そのお客様はエレベーターに乗って下まで降りて行かれます。時間にすれば数十秒のことではありますが、その時間をお客様の喜びに変えられないだろうかと発想するわけです。

いっしょに過ごす時間を誰かの喜びに変える。１時間でも10分でも、さらにいえばエレベーター内の数十秒でも同じです。あくびしながらぼんやりと過ごしても数十秒。不機嫌な顔で過ごしても数十秒。この数十秒を誰かの喜びに変える。

たとえまだ仕事が半人前の新人時代であったとしても、共に過ごす時間を相手の喜びに変えることはいくらでもできるのです。それがそのときのあなたの仕事であり、役割でもあるのです。

船井先生が投げかけてくれた言葉の一つに、

「人間というのは、表情と動作だけでも誰かを幸せにすることができる」

という金言があります。メモの話一つとってみても、大きくうなずき、相槌を打ちながらメモを取るのと、なげやりな感じでメモを取るのとでは、相手の気分に及ぼす影響は大きく異なることがおわかりでしょう。

それでも中には、「どうして相手を喜ばせなくてはいけないんだ?」と、疑問を感じている人がいるはずです。それに何より、その行為により相手が本当に喜んでくれているのかどうかは、定かではありません。でも、大切なのは「喜んでもらいたい」というあなたの姿勢。その姿勢が、あなたの人格を培ってくれるのです。それが積み重ねられれば、いつしか「あいつといっしょにいると楽しい」と評されるようになるに違いありません。

社会に出て3年間くらいは、みなさん「テイク(take)&テイク」の日々を過ごすことになります。指示される、叱られる、ほめられる、給料をもらう……。これらはすべて「テイク&テイク」です。一人前に仕事をこなし、会社に貢献できるようになって初めて「ギブ（give）＆テイク」の関係が生じるわけですが、そうなるまでに3年ほどかかるというのは致し方のないところでしょう。

ただし、「テイク＆テイク」の日々にあっても、少しでも誰かに「ギブ」をしてあげられるチャンスはあるのです。

表情だけでもギブはできます。動作だけでもギブはできます。メモを取る、見送る、手紙を書く――というクセを身につけることで「あげる」ことはできるのです。


話は変わりますが、私たちが思い描く夢にも「テイク型」と「ギブ型」とがあります。

「あなたの夢はなんですか？」と聞かれて、「大金持ちになって、大きな家に住んで、高級外車に乗りたい」と答えたとします。これはまさに「テイク型」の夢です。一方、「両親に大きな家を建ててあげたい」、あるいは「世の中に役に立つ子どもを大勢送り出したい」と答えたとすれば、それは「ギブ型」の夢だということになります。

若い頃は大きな夢を持つべきで、それがテイク型であろうとギブ型であろうと、一向に構わないと思います。ただし60～70歳にもなって、「でっかい家に住みたい」「プロ野球球団のオーナーになりたい」などという夢を語られたなら、私などは若干引いてしまいます。

人生の後半はやはり「ギブ」で終わりたいと、私は思います。あの人にはこんなものをもらったなあ、この人にはこんな素敵な言葉をいただいた。そろそろ自分自身がギブを意識しなくては……。そうありたいと願うのは私だけではないはずです。

「あの人は最後まで〝テイク〟だったね」と言われたくないのであれば、若い頃から、そのときできる「ギブ」を意識した毎日を過ごすことです。

メモを取る、見送る、そして手紙を書く。意識して続ければ、やがてあなたの習慣になり、未来を拓《ひら》くきっかけとなるはずです。

いまの会社で与えられた「しなければいけない仕事」の中に自分にしかできない極上をつくる。

いまこうして本書を読んでくださっている若い方の中には、さまざまな「ギブ」を提供したいために社会に出たという意欲的な人も大勢いると思います。

きっと中には、「こんなこともできます」「あんなこともできます」「これも得意」「あれも得意」、だから「これも、あれもやらせてください」と堂々と主張できる豪胆な人物もいるはずでしょう。

でも、勘違いしてはいけません。社会に出てまずみなさんに求められるのは「マスト（must）」、つまり、「しなければいけないこと」なのです。

「やりたい」「したい」と言っても、現実は決して好きなことばかりやらせてもらえるわけではありません。しなければならないことの中で、自分ができる「ギブ」をつくっていかねばならないというルールがあるのです。いまの職場環境が悪いわけではなく、それが社会というものなのです。

では、「マスト」が求められる環境下にあって、どうすれば自分のしたいことができるようになるのでしょうか？

それには鉄則があります。

結論からいえば、マストの中にあなたの「極上」をつくること。それに尽きます。しなければいけないことの中に、「あいつはすごいね！」と評される極上をつくるということです。

それは、どんなささいなことでもいいのです。「あの人の挨拶は見ていて気持ちいいね」でも、「あいつのお茶の淹れ方は上品だねえ」でも、「電話の応対が素晴らしいね」でもいいのです。あるいは、「掃除の仕方が完璧だね」でもいいのです。しなければいけないことの中に「上」でも「特上」でもない、「極上」の何かをつくるのです。

そして極上の何かをつくると、「あいつはすごいね」と、誰かがきっと見ていてくれます。

アメリカ・フロリダ州のオークランドにあるディズニーランドの総本山であるディイズニーワールドに、「ディズニーユニバーシティ」という、ディズニーの幹部を養成するための教育機関があります。いまから13年ほど前、私は聴講生としてそこに出向き、2泊3日の幹部養成講座を体験しました。

そのときの講座で強く印象に残っているのが、「影の効用」です。

ディズニーランドの創設者であるウォルト・ディズニーはアニメに登場するキャラクターの影にこだわり、光の方向と影の関係に関して何度もダメ出しをし、アニメーターにやり直しを命じたそうです。

それまでは影にこだわったアニメなど皆無だったこともあり、アニメーターたちは口々に、

「影など誰も気にしませんよ。お客様は影を観に来ているのではなく、ミッキーマウスを観に来ているのです」

と、反論したそうです。

すると、ウォルト・ディズニーは次のように答えました。

「そうではない！　何百人、何千人の中に影に気づく人が必ずいるはずだ。その人たちに気づかれたときにディズニーアニメの品質の高さがあらためて認められるだろう。1000人中1000人が気づくことをするのは当たり前で、1000人に1人しか気づかないことをするのが大切なのだ！　ディテール、ディテール、ディテール……」

細かいところこそ大切なのだと、自分が納得するまでアニメーターにやり直しを命じたというのです。

たしかに、細かいところにこそ、さまざまな事象の本質がうかがえます。

みなさんの仕事も同じです。「マスト」の中に、どんなに細かいことであれ「極上」をつくれば、必ず誰かの目に留まります。それがやがて自分にとっての大きなチャンスにつながるのです。

というのも、マストの中に極上をつくることで、周囲には「キャン（can）」、つまり「あいつなら、これができるかもしれない」という可能性が見えてくるのです。そして、「キャン」の先には「ウィル（will）」、すなわちあなたの未来が拓けます。マストが求められる環境下にあって、自分が本当にやりたいことができるようになるということです。

繰り返し強調しますが、まずは、マストに極上をつくる。それを続けることにより、その長所に気づいた誰かが、「あいつならこういうことが得意かもしれない」とチャンスを投げかけてくれる。その期待に応えることができたとき、初めて「ウィル」、すなわちあなたの未来が見えてくるのです。

最近は社会に出て1～2年、ひどいときには半年もたたないうちに、せっかく自分が選んだ仕事を見限ってしまおうとする人がいますが、そんな人に私は声を大にして言いたい。

マストの中に極上を見出し、それを続けていれば「キャン」がもたらされ、その先には必ず「未来」が拓けてきます。そのことに気づくまではいまの舞台を絶対に降りるべきではありません。

不思議なことに、そういった変化は徐々にではなく、あるとき急に起こることが多いのです。だから、自分を信じてあきらめないことが重要です。

就職するということは会社を選ぶことではなく、自分の生き方を選ぶこと。

良いと思うことは即行動に移す。

自分にできることがないかと常にアンテナを張り巡らせ、発見できたならすぐに動く。

やらなければいけない仕事の中で極上を目指す。

いずれも人生においても、仕事をしていくうえでも、とても大切なことですが、まさに「言うは易し」で、その姿勢を日々維持していくのはなかなか大変なことです。

「佐藤さん、あなたはちゃんと実行できているのですか？」

そうあらためて問われたとしたら、

「う〜ん、どうだろう……」

正直なところ、私も考え込んでしまうかもしれません。

しかし、「こうでありたい」と願う理想を持ち続けることが大切で、理想を持たない人間は前には進んで行けません。

人間は、怠けようと思えばどこまでも怠けられるようにできています。

いまの時代は、ちゃらんぽらんに生きようとすれば、ちゃらんぽらんな人生を通すこともできますし、今日は1日中パジャマで過ごそうと思えば、パジャマ姿のままでいることもできます。

しかし、自分の心の中に「ちゃらんぽらんな人生は良くない」というもう一人の自分が誰にでもいるはずです。1日中パジャマ姿でいることを嫌う自分が棲んでいます。

「それは違うぞ」

「けじめをつけられる人間でありたい」

そう願う自分がどこかにいるから、踏みとどまることができるのです。

就職訪問で私たちの会社「S・Yワークス」に顔を出していただいた方には、私はいつも次のようにお話ししています。

「就職するということは、会社を選ぶことではありません。自分の理想の生き方を決めることです」

たとえば、幼稚園の先生になられた方は、幼稚園の先生という生き方を自ら選んだのです。その結果、何が求められるのでしょうか？

幼稚園の先生になられた方が、休日に恋人とショッピングセンターに出かけたとします。プライベートな時間ですからどんなにラフな格好をしていようと、あるいは恋人にしなだれかかるようにして歩いていたとしても、それはそれで許されることなのかもしれません。

しかし、そのショッピングセンターであなたの姿をたまたま発見した園児が、「せんせ〜い！」と大きな声で呼びながら、あなたに駆け寄って来る可能性があります。そんなとき、いくらプライベートだとはいえ、その姿で、そんな格好で、そんな歩き方をしていたとしたら、あなたは心が痛みませんか？

園児たちは、あなたのことを「先生」として仰ぎ見ています。であるなら、あなたには幼稚園の先生としての格好があるはずですし、恋人と歩いているにしても、それなりのけじめが求められます。

厳しい見方かもしれませんが、それが幼稚園の先生という生き方を選んだ、ということなのです。

同じく、あなたがお菓子屋さんに就職するということは、お菓子屋さんという生き方を選んだということであり、商社に就職したのなら、商社マンとしての生き方を選んだということ。そして、経営コンサルタントの会社に就職したのであれば、経営コンサルタントという生き方を選んだということ。

就職するということは、会社を選ぶことでも資本金を選ぶということでもなく、「こうなりたい」という理想の自分を選択するということなのです。

こうなりたい自分は理想です。

なれない自分は現実です。

そして両者はいつもケンカしています。

50歳になっても60歳になっても、仕事をし続けている限り、こうなりたいという自分と、なれない自分とが戦っているのです。

そして、どこかのタイミングで、なかなか「こうなれない」自分が勝ってしまうことがあります。

それには二つの理由が考えられます。

一つは、「こうなりたい」と願う自分の理想を下げてしまうことです。

もう一つは、「最初から無理だったのだ」と、理想を捨ててしまう場合です。

みなさんの中には、

「入社2年目くらいから、こうなりたい自分になれてますよ」

そうおっしゃる方もいらっしゃるかもしれませんが、そういう人はどこかに錯覚があります。あるいは、理想が低いか、適当かなのではないでしょうか。

それほど簡単に理想の自分になれるものではありません。だからこそ、誰もみな、ずっと追い求めているのです。

そしてそれは私も同じです。

「こうなりたい」という自分はまるで雲のようなものかもしれません。いくつになっても、この手でつかめたようでいて、なかなか確かな手応えが感じられない存在なのです。

でも、それでいいのです。

「こうなりたい自分」の理想が高ければ高いほど、その思いが自分を成長へと導く原動力となり、そこに一歩でも近づく可能性が生まれるものなのですから。

どんな失敗も、どんな問題も、ベストのタイミングで必ず起こる。

以前、幼稚園の先生方を対象としたセミナーの席上で、私は次のように申し上げたことがあります。

「先生という生き方を選んだみなさんは、ご自宅に帰られて、冷蔵庫を開けてペットボトルのお茶を飲むとき、そのまま飲まずに必ずコップにお茶を注いで飲むようにしてください」

ささいなことであっても、周囲から「先生」と呼ばれる仕事を選んだからには、自ら身を律するところがなくてはなりません。それが先生という生き方なのです。

とはいえ、3回に1回くらいはついペットボトルから直接お茶を飲んでしまうでしょう。かく言う私もそうです。

それでも、あくまでも理想は下げないことです。

こうなりたい自分、つまり常にコップに注いでお茶を飲む自分でありたいという理想を持ち続けることが大事です。「やっぱり無理だった」と、自分で自分を見限ってはいけません。

では、人はどうして自分を見限ってしまうのでしょうか？

それは、失敗したときの嫌な自分から目をそらせてしまうからです。

さらにいえば、「こうありたい」という理想をどこかに置き忘れてしまうからです。のどがカラカラに乾いていたので、「もう待ちきれない」と、ついペットボトルのお茶を直接飲んでしまった。このとき、〈まあ、いいや。誰も見ていないのだから〉と、自分にエクスキューズを与えてしまうというのは、理想を下げてしまうこと。これが続くと、直接飲むのが当たり前になり、やがては園児の前であってもついラッパ飲みしてしまうようになるかもしれません。園児たちはつぶらな瞳で先生のしぐさを見ているものです。そんな先生が、「みなさん、お茶はコップに注いで飲みましょうね」と言っても説得力はありません。

すでにお伝えしたように、失敗というのは必ず「学び」をもたらします。

冷蔵庫のお茶を直接飲んでしまったなら、「アッ、いけない！」と、「こうならなかった自分」と向き合うこと。失敗した自分と面と向き合うことです。そして、〈ああ、できていないな〉と自分に語りかけてみる。

それが学びなのです。

お気づきのように、理想を下げなかった人には「学び」が何度でも訪れます。

これは船井先生に教わったことですが、どんな失敗も、どんな嫌なことも、どんな悲しいことも、必然性があってもたらされます。それも、「よりによってこんなときに」と思えるようなジャストのタイミングでもたらされるのです。

お客様とのアポイントの時間が迫っていて、あわただしく出かけようとしているようなときに限って、別のお客様から怒りの口調でクレームの電話が入ったりします。目を通さねばならない書類がデスクの上に山のように積まれているときに限って、急を要する別の案件がもたらされることもあります。

すると、誰しも、

「私の責任じゃないのに、なんで怒られなきゃならないんだろう」

「なんで私ばかりこんな目に遭わなきゃならないんだ」

などと感じるものです。

しかし、どんな嫌なことも、つらいことも、あなたに何かを教えるためにもたらされたのだと考えること。学習させるために、その出来事が起きたと考えるわけです。

嫌なことやつらいことがあったなら、まずは一呼吸置いて、

「ねえねえ、この問題は私に何を教えるために起こったの？　いったい何を伝えるために起こったの？」

そう、自問してみてください。そして、答に耳を傾ける。すぐには答が聞こえてこなくても、やがてその理由や目的が何かわかるときが必ず訪れるはずです。

長男の由樹がこの世に生を受けて5日目に、私は舩井先生のところに誕生の報告に行き、

「待望の子どもを授かったのですが、先天性発達障害という群発性の障害があり、たいへんに厳しい子のようです」

と、ありのままを伝えました。そのときの先生の言葉をいまでも忘れません。

「そうか。障害を持って生まれて来たかぁ、それは良かったなぁ」

私が船井先生の弟子でなかったなら、怒り心頭の言葉だったと思います。ところが、先生は次のように続けたのでした。

「おまえに何かを教えようと思って、おまえを選んで生まれて来たんだぞ。おまえはこういう仕事を選んで、たくさんの人に何かを教える立場にある。彼から学んだことを教えてあげなさい。世の中、そういうことで悩んでいる人も多いのだから。そうか、良かったなぁ……」

どんな失敗も、つらいことも必然性があってもたらされるというのは、そこまでのことなのかと思いました。そしていま、その意味がとてもよくわかります。

そうなのです。ペットボトルのお茶にも「学び」があるのです。

第3章

人間としての役割

人間はどんなにつらいことがあっても、「心のあり方」しだいで未来を輝かせることができる。

我が師・船井先生から教えていただいた数々の言葉の中で私が最も納得できたものの一つに、

「世の中で起きることは、必然であり、必要であり、ベストである。そこから未来の種を得ればいい。大切なのは未来に思いを馳せることだ」

という教えがあります。

過去に上梓した著書の中でもその教えを繰り返し紹介していますし、講演会やセミナーでもたびたび紹介させていただいています。

しかし、あの教えは本当なのだろうかと、たった1度だけ考え込んでしまったことがありました。

それは2011年3月11日に起きた東日本大震災のときでした。

その日、私は所用で旅先にいたため実際に地震を体験したわけではありませんが、一報に接して、翌12日の夜に万難を排して仙台の自宅に戻りました。

家に戻って一番愕然《がくぜん》としたことは、

「仙台の街って、こんなに星がきれいだったのか……」

ということでした。

当然ではあるのですが、灯りという灯りがすべて消え、あたり一面が濃い群青色の闇に包まれています。東の海岸線のあたりだけがほのかに明るいのは、コンビナートが炎上しているからでした。空には満点の星。そこからは無数のヘリコプターのローター音が響いていました。人命救助をするためのヘリコプターが何十機と夜空を飛び交っているのです。後は間断なく聞こえてくる救急車のサイレン音。その他の音は何一つしません。

私は、仙台に戻ってからの5日間、日が落ちると我が家のテラスの椅子に腰を下ろし、夜の闇に身を浸し、星を見上げながら考えていました。

〈これからも全国を回りながら、世の中で起きる出来事は必然であり、必要であり、ベストであると言えるのだろうか？〉

なにしろ私の自宅からほんの5キロほど東に行った海岸線では、1万人あまりの人々が津波の犠牲になっているのです。

数日後には地元・仙台でのセミナーが控えています。

その席上で、「あれは必然である」などということが言えるのだろうか……。

私は闇の中で煩悶しました。

その結果、やはり、どうしても船井先生の言葉をみなさんにきちんと伝えなければならない、それが自分の役割でもあるはずだ——という結論にたどり着きました。

メディアが報じる死者・行方不明者の数は日ごとに増え、犠牲者の数はおそらく2万人に上るだろうと伝えられていました。

2万人もの犠牲者が出る必然がどこにあったというのか？

私は闇の中で、次のような考えに至りました。

「将来、この災害を振り返ったとき、あの2万人もの人々が亡くなったからこそ、今の日本になったと言えるような素晴らしい国をつくることが、残された私たちの役割ではないだろうか。

あんなことがあったからこそ、私たちは〝命〟というものを心に留めることができた。命のすごさ、人間の愛おしさ、人間の営みの素晴らしさを再体験したからこそ、こんな私たちになることができた。こんな日本をつくることができた。

そして、遠い未来からでもいいから、亡くなった方々に『ありがとう』と言えるような生き方をしなくてはならない。

あのとき亡くなった方々が、たまたま不運だった人たちなのだという生き方だけはしてはならない。それぞれ役割があり、尊い命をなくされたのだから――」

そしてセミナー当日、みなさんにはそのようにお伝えしました。

どんな悲しい出来事をも必然に、そして必要にできるのは私たち人間だけです。人間だけが、その気になれば、「あれは必然だった」「あれは必要だった」と言える未来を築き上げることができるのです。

そのことを、あのとき地元・仙台で開かれたセミナー会場でお伝えするのはちょっとした覚悟が必要でしたが、１００名くらいの方々が涙ながらにうなずいてくれていたのを覚えています。

私は、本当にそうだと思うのです。

失敗には必然があります。

嫌なことにも必然があります。

どうしてこんなことで怒られるのだろうと思うようなことにも必然があります。

それらはことごとく、私たちに何かを教えるためにもたらされていることなのです。

人生には、思いもよらないさまざまな出来事が起こります。

「なぜこんなタイミングで？」

「なぜ私ばかりに？」

そう感じたときには、まず心を落ち着けましょう。

そして、

〈今度のことは私に何を伝えてくれようとしているんだろう？〉

そう自分で自分に静かに問いかけ、聞こえてくる声に耳を澄ませてみてください。

必ずもう一人のあなたが応えてくれるはずです。

たとえすぐに答えてくれなくても、いつか「ああ、そういうことだったのか」とわかる日が必ず来ます。

障害を持って生まれた息子が気づかせてくれた能力の多様性。

すでに触れましたが、私は、障害を持って生まれた息子の由樹にさまざまなことを気づかされてきました。

その中の一つに、「100点満点は人によって違うのだ」ということがあります。彼が初めて歩きはじめたのは6歳のとき、それは小学校に入学する直前でした。入学したのは養護クラス、特別支援クラスです。先天性発達障害ですから身体もことのほか小さく、入学式のとき、同級生たちは、「あそこに赤ちゃんがいるけど、どうしているの?」と母親に問いかけていたほどでした。

入学して数か月後に運動会がありました。先生が由樹に、「駆けっこ、どうする?

出る？」と聞いたところ、「うん」という返事だったということで、彼も徒競走に出場できることになりました。

この小学校では健常児も障害児もいっしょに走ります。結果は当然、ドンケツ。大きな音が嫌いな子ですから、スターターのピストルの「バン！」という音にびっくりしてしまい、後ろにひっくり返りそうになりながらスタートしましたので、先頭の子がゴールインしたときには、まだ5分の1程度のところを歩いているありさまでした。それでも学校中の大声援のおかげもあり、赤ちゃんのようなヨタヨタした走りでなんとかゴールインできました。

その後、2年生のときも3年生のときも、4年生でも5年生でもドンケツではありましたが、完走しました。

そして、6年生のときのことです。運動会の前日にいっしょに風呂に入り、

「明日は最後の運動会だね。パパは由樹が5年間、ズ～ッと完走したことを誇りに思ってる。明日もドンケツでいいから、ちゃんと完走するんだぞ」

と、話しかけました。

わかっていたかどうかはわかりませんが、彼は「ハイよ！」と元気よく答えてくれ

ました。

次の日、由樹は朝から体調がすぐれません。体調のいい日と悪い日が波のように交互に訪れるのが由樹の特徴でした。あまりに体調が悪そうなので、先生が「由樹クン、走る？　どうする？」と心配すると、「うん、走る」とうなずくのでした。

先生は、「走ると言っているので走らせます。でも、いざダメになりそうなときは、ゴールを手前に持ってきて、そこでゴールさせますから……」と、私に伝えました。

いよいよ由樹がスタートしました。6年生はグラウンド1周です。

相変わらず、ヨタヨタヨタヨタヨタと歩くようにして走って来ます。彼にしてみれば全力で走っているのです。でも、やはり体調が悪かったのでしょう。ゴールの60メートルほど手前で立ち止まってしまいました。力なく手をダラ～ンと垂らして、いかにもしんどそうです。そこで先生方は予定どおりゴールを由樹の方に近づけようとしました。

するとその瞬間、彼は手を握り締めて、私がそれまで聞いたことがないような声で、「ウォ～！」と叫ぶのです。そして再びヨタヨタと走り始め、「ウォ～！」叫びながらゴールしたのでした。

私は父親ですから、もう涙が止まりません。涙目で由樹の方を見ると、ゴールのところに先生やご父兄たちが駆け寄って来て、

「由樹クン、今年も完走できてよかったね」

と声をかけ、いっしょになって喜んでくれています。由樹はといえば、

「みんな、アリガトウ」

感謝の言葉を述べながら、泣いているのです。「アリガトウ、アリガトウ」と言いながら泣いているのでした。

由樹に100点！

普通の子であれば、6年間完走するのは当然のことです。走るのが得意な子であれば、1等をとり続けて100点かも知れません。でも由樹にとっては、6年間完走できたことが100点です。とくに体調の良くないときに、「ウォ～！」と大きな声を張り上げて自らを励まし、自分に負けなかったというその姿には感動を覚えました。いや、何より由樹が、「オレ、やったぞ！」と感動したのではないでしょうか。

そして私は、このときの由樹の姿を脳裏に浮かべるたびに、「100点満点は人それ

ぞれに違う」と実感しているのです。

由樹によってもたらされたこの教えは、多くの社員を抱える立場に立ったいま、自分に言い聞かせていることでもあります。みなそれぞれに個性があり、異なる性格や能力の持ち主であるわけですから、Aという社員にはAの、BにはBの100点満点があるのです。

由樹もまた、必然を持って生まれて来ているのです。

一つの仕事は終わった後に始末をつけて初めて完結する。

日本マーケティングセンターに入社して１年間、私はクルマで船井先生の送り迎えをしていました。

運転が荒っぽい大阪の街ですから最初は戸惑いもあったのですが、あれはようやく運転にも慣れた３か月目くらいのことだったでしょうか。季節は、御堂筋《みどうすじ》のイチョウ並木が緑色に生い茂る７月頃だったと思います。

後部座席に座っていた船井先生がバックミラーに映る私の顔を見ながら、いきなりこんなことを言うのです。

「なあ、佐藤クン。せっかく働くのだから、一流になれよ」

そのときの声のトーンは、はっきりと耳に残っています。私は、バックミラーをのぞき込みながら思わず問い返していました。

「一流、ですか……。一流になるためにはどうしたらいいんですか？」

するとと先生は、

「一流になる方法？　簡単だよ。自分は一流だと思えばいいんだよ」

そう答えるのでした。

一流じゃないから、「どうすればいいのですか？」と質問したのに、「一流だと思えばいいんだよ」と言うのです。禅問答だなこれは、と思いました。

しかし新入社員の私には、舩井先生の禅問答に応じられるような素養はありません。クルマのハンドルを握ったまま押し黙っていますと、先生は再びミラー越しの会話をはじめたのでした。

「おまえ、仕事でホテルに泊まることがあるだろ？」

「あ、はい！」

「チェックアウトするとき、係の人がドアを開けた瞬間に〝ここには誰も泊まってなかったんじゃないの？〟と思うくらいに部屋をきれいにして出てるだろ？」

「い、いえ。出ていませんけど……」

「していない？　いかんなあ、それは。ベッドをきれいに戻して、洗面所やバスタブもきれいにして、ゴミもちゃ～んとまとめておいて……、それでも時間があればそのゴミも持って出るんだよ」

「……」

チェックアウトのときに部屋をきれいにするという行為が「一流」とどんな関係があるのか、私にはわかりません。戸惑っている私の心を見透かすようにして、先生は質問を重ねてきます。

「おまえ、新幹線に乗るだろ？」

「はい」

「降りるときは、背もたれをちゃんと元に戻して降りるだろ？」

「エッ？　ときどきはやってますけど……」

「ときどきじゃないよ！　おまえが指定席に乗るとき、背もたれが倒れていて、読んだ新聞が前の座席のネットに差し込まれていて、おまけに弁当の食べかすや缶コーヒーの空き缶が置いてあったら、どう思う？」

「〝ウワッ！〟と思いますね」

「だろう！　だから〝ウワッ〟と思われないようにするんだよ。それが一流だぞ！」

「はい、わかりました」

そのとき私は、先生は「後始末グセ」のことを話してくれたんだなと解釈しました。というのも、私たち新入社員に対して、折に触れ次のような話をしてくださっていたからです。

「後始末グセをつけなさい。一つの仕事を終えたと思ったあとでも、後の人に迷惑をかけないように、後始末を完璧にやる。始末までやって初めてその仕事は完結したということになるんだ。いやな気持ちを残さないことだよ」

これは何も、出張で宿泊したホテルや新幹線の座席の後始末のことだけを言っているわけではなくて、ビジネスの場面でも同様のことが言えるでしょう。

いろんなトラブルに遭遇しつつも、あるプロジェクトをなんとか成功させた。途中、自分は不快な思いを味わったし、おそらくは取引先の相手にもいやな思いをさせたに違いない。でも、最終的にはうまくいった。結果オーライ！

しかし、それだけではその仕事は完結したことにはなりません。

たとえば、関係した人たちに感謝の気持ちをしたためた一葉の葉書を出す。あるいは1本のお礼メールを送る。

そんな後始末をして、初めてその仕事は完結したことになるのです。

船井先生はその「後始末グセ」の話をしてくれたのだろうと思っていました。一流の人にはそんな「後始末グセ」があるのだと解釈したのです。

実はその奥にもっと大切な教えがあったことに気づいたのは、だいぶ後になってからのことでした。

名も知れぬ人にでも「敬意」を示せることが一流の証。

あなたは出張のため新幹線に飛び乗ったとしましょう。

指定席に座ろうとすると背もたれは倒れたまま。読み終えた新聞やコーヒー缶がそのままになっていたとしたら、どんな気分になるでしょうか？

ゴミを残したまま下車した先客の立場で想像してみますと、後からくる客の不快感に思いを馳せることができなかった、ということになります。「もしかしたら、イヤな思いをするかな」と、チラッとくらいは思ったかもしれませんが、「まあ、いいか。いいよな」と自分で自分に言い聞かせるようにして下車して行った可能性も考えられます。

そこに一流と二流の人間の差が生じるのです。

前述した「良知」の項目でも、電車の中で老人に席を譲るか否かという事例を引き合いに出して私の考えはお伝えしましたが、人間には良いことと良くないことを瞬時にかぎ分ける才能が備わっています。その天賦の才が、「もしかしたらイヤな思いをするかな？」とせっかく語りかけたのに、その声に耳をふさぐようにして下車してしまう。これはやはり二流の人間のすることです。

一流の人間は相手のことに思いを馳せ、不快な思いをするなと「考えた」なら、即、行動に移すことができる。そしてこの「考える」という行為は、言葉を換えると「敬意を払う」ということになります。

これはホテルの部屋の事例も同じです。

自分が一晩過ごした部屋の中が、まるで怪獣が暴れた後のようになっていたとしたら、誰しも、一瞬は「ひどいな」と感じるでしょう。何も感じないとしたら……そういう人物は論外です！

ひどいなとは感じても、

〈掃除をする人がいるんだから〉

〈それが、その人の仕事なんだから……〉

〈仕事を奪っちゃかわいそう〉

とでも自分に言いわけして、部屋を出て行ったとします。

ここで、部屋を掃除する人の立場に立って、イメージしてみてください。

〈ひどい！〉

〈ちょっとくらいは「考えて」くれてもいいのに〉

ドアを開けると、そこが、怪獣が暴れた後のようなありさまになっていたとしたなら、少なくとも私が係の人ならそう思ってしまいます。

この「考える」という行為が「敬意を払う」ということにつながります。

ここでもう一つ、大切なことがあります。

その相手が会社の上司だったり、大切なお客様だったりしたら、言われなくても敬意を払って接するはずです。ところが新幹線の事例にしろ、ホテルの部屋の場合にしても、相手の顔も知らないし、もちろん名前も知らない。それがどんな人かはわからないのです。

大切なのは、名前も顔も知らない人に対して敬意を払うことができるか否かという

こと。わかりやすい言葉で言えば、

「誰が見ていようと、見ていなくても、陰ひなたなく敬いなさい」

ということ。それが一流の人間の条件です。

私はもともと、呑み込みが速い方ではありません。

新入社員時代に運転するクルマの中で舩井先生に語りかけていただいた新幹線とホテルの事例を、長い間「後始末グセ」のことを言ったんだろうなと思い続けていました。ところが何かのキッカケで、

〈あれは違うぞ。いつも言っていた後始末グセのように思えるが、先生が本当に伝えたかったのは〝陰ひなたなく他者を敬いなさい〟ということだったんだ〉

ということに気づいたのは、日本マーケティングセンターで部下を持つ立場になってからのことでした。

私は仕事柄、いろいろな業界の方々とのお付き合いがありますが、某一流ホテルの支配人に言われた言葉を忘れません。

「ホテルの支配人歴が長くなりますと、チェックアウトの後の部屋を見て、その人のいまの立場、そして未来までもがわかるものです。

係の人がドアを開けると、

『アレッ、誰も泊まってなかったのかしら？』

そう勘違いさせるほどに部屋が整えられていたとしたら……、その係の人はとても気持ちがよく、その日一日の仕事をこなすうえでの気分も違うと思います。なぜなら顔も知らない人に〝敬意〟という貴重なプレゼントをいただいたからです」

いま目の前にいない名も知らない人にこそ「敬意」を払って行動できるかどうか、それこそが人間として一流か二流かの分かれ目なのです。

来店して
何も買わずに帰った人も
立派なお客様である。

船井先生の会社で常務をしていた頃の話です。

ある日、部下の女子社員から、

「○○というセクションの△△さんとお付き合いしようと思ってるんですけど、彼、見どころありますか？」

そんな質問を受けたことがあります。

見どころありますかと聞かれて、まさか「ないよ！」と答えるわけにもいきません。

「デートに行ってごらん」

私は、そうアドバイスをしました。すると、

「デートはしょっちゅうしてます」

と答えます。

「じゃあねえ、今度のデートのときは、クルマで高速に乗ってもらうんだね」

そう提案したところ、彼女は怪訝《けげん》そうな表情を浮かべていました。

私が言いたかったのはこういうことです。

当時はETCがなかった時代ですから、高速道路に乗るとき、ドライバーは料金所で通行券を手渡しでもらわなければなりません。そのとき、係の人の顔をきちんと見て、「ありがとう」の一言が言えるかどうかが大きなポイント。

「前を向いたまま、手だけを横に伸ばして通行券を受け取るような男とは、絶対に付き合っちゃいけないよ」

と彼女にアドバイスしました。

高速道路を降りるときも同じです。

「料金を支払うときに、そっぽを向いたまま、通行券と千円札を渡すような男とは付き合わない方がいいからね。きちんと相手の顔を見て、感謝の気持ちを示す。それが人間だからね」

とも伝えました。

お金を払う人と払ってもらう人とを比較すると、通常は払う人の方が立場は上です。そして、自分の立場が上になったとき、その人の本性が出る。弱い立場の者には敬意を示さないという本性が出がちなのです。

「その人の本性というのは家庭でもズ～ッと変わらないんだぞ。弱い立場の人に敬意を払わない人は、奥様の料理にも敬意を払わない。テレビを見ながらでも、新聞を読みながらでも、平気で食事をするぞ。そんな男とは付き合わない方がいいぞ」

私の話に彼女は大きくうなずいていましたが、後日、次のような報告を受けたのを覚えています。

「常務から聞いたあのときのお話、あれからみんなに広まっちゃいましてね、デートのときだけ周囲の人にやたら愛想のいい男性が増えちゃったんです」

話が広まり過ぎて女性側の観察の仕方が見透かされてしまい、それを逆手に取る男性が出てきたのでは、例の作戦の効果は薄れてしまいます。

しかし、立場が上になったときに、その人の本性が見えるというのは間違っていないと思います。

そういえば最近は、「オレは客だから」と、わがままを通そうとする人が増えてきた印象を受けます。

〈オレ、客だろ！　客の言うことは聞くのが当たり前だろ！〉

男女を問わず、「客」という立場を過剰に振りかざす人が目につくのです。

これはいまの日本社会のゆがみの一つだと思います。

日本文化というのは、お客様が売り手に敬意を払い、あるいはお客様が料理のつくり手に敬意を払うことにより育まれてきたのです。もちろん、売り手も料理のつくり手も、お客様に敬意を払ってきました。

敬意と敬意のやり取りの中で、上質の日本文化が熟成されてきたわけです。

私は思うのです。お客様だから偉いのではない。人間と人間はあくまでもイコールなのだと。

もちろん、売り手の方は、来店したお客様に対し、

「ありがとうございます」

と、頭を下げます。

しかしこれは、わざわざ店まで足を運んでくれたことに対する敬意であり、モノを

買ってくれたことに対する敬意ではないのです。ということは、来店し、何も買わずに帰った人も立派なお客様の一人だということ。中にはそのお客様の後ろを追いかけて行ってでも、

「何か不都合はございませんでしたか？」

と問いかける店主がいても不思議ではありません。

そうした敬意と敬意とがつながって、日本は「おもてなし」の国になったのだと思います。

東京駅新幹線ホームの「7分間の奇跡」はなぜ起こり得るのか？

読者のみなさんもよく利用されているはずの、東京の表玄関・東京駅には、「東海道新幹線」「北陸新幹線」「東北・山形・秋田新幹線」「上越新幹線」、以上4方面の新幹線が発着しています。

このうち東海道新幹線だけは「ＪＲ東海」の管轄で、あとの三つは「ＪＲ東日本」が管轄しています。

使用しているホームの数は、ＪＲ東海が6本。同じくＪＲ東日本が4本。それでいて、発着する新幹線の本数はどちらも約１７０本と同数。どちらが忙しいかと単純に比較すれば、１７０本の新幹線を四つのホームでさばかねばならない「ＪＲ東日本」

の方がより忙しいという計算になります。

３年ほど前にフランス鉄道省の大臣御一行が新幹線事情の視察のために来日したことがありますが、帰国するとき、記者団に対して次のような印象的なコメントをしました。

「日本から得るものはいろいろあったが、何が驚いたかといえば、ＪＲ東日本の新幹線がホームに入り、お客さんを降ろして、掃除して、また出ていくまでの時間の短さでした」

新幹線が到着してから出発するまでの時間はわずか12分。そのうち7分を使って車内清掃をするのです。

「いったいこれはどういうことなのだ？　この掃除をしているチームをフランスに連れて帰りたい！」

大臣は、清掃チームの手際の良さを絶賛したのでした。

清掃業務を行っているのは、株式会社東日本テクノハート（通称・テッセイ）に所属するチームです。フランス鉄道省の大臣が賞賛するように、実に無駄のない見事な動きをしています。

まずは入線してくる新幹線を全員が直立不動で迎え、深々とお辞儀をします。両手には清掃用具とゴミ袋。このシーンを見たフランスの大臣は、

「どうして新幹線にお辞儀するんだ？　鉄の塊じゃないか！」

と、びっくりされたのではないでしょうか。

乗客が下車すると、チームは素早く車内に乗り込み、掃除機をかけ、ひじ掛けから荷物棚まで全部拭き掃除しますし、シートのカバーも取り替えます。その間、所要時間は5分！　わずか5分ですべての車両の清掃を終えるのです。

その後2分間で全シートをチェックし、トータル7分で清掃が完了します。

スタッフ全員が車両を出ると、新たな乗客が乗り込んで来ます。

ターンオーバーして行くまで、わずか12分のよどみなき行程。

新たな乗客を乗せて、新幹線が再び出発するとき、スタッフのみなさんは、到着を迎えたときと同じように直立不動で見送り、最後に深々とお辞儀をします。

そして回れ右。次なる車両の清掃に向かうのです。

大臣はもちろん、随行したメンバーのみなさんも口を揃えて言ったそうです。

「どうして、掃除をする人たちがあそこまで丁寧なんだ？　フランスにはあんな文化はない！」

日本の新幹線は、わずか7分間で清掃とチェックを終えます。この事実は「7分間の奇跡」と呼ばれ、ヨーロッパでは大変な評判を呼んでいるのです。

しかし私たち日本人には、テッセイのメンバーの一連の行動がなんとなくわかる気がするのではないでしょうか。

そこには「敬意」が存在している。そうなのです、スタッフはお客様に対する「敬意」を核として行動しているのです。

私は昔、趣味でアジア各国の鉄道に乗っていましたが、一番驚いたのが南アジアの鉄道です。

満員すし詰めの車内には10センチ以上の厚みのゴミがたまっていました。途中駅からは鶏の入った籠を頭に乗せた乗客が乗り込んで来ます。その中には圧死する鶏もいて、それを引き抜いてあたりに捨てるものですから、ゴミの中には鶏の死骸も混じっています。当然、車内には異臭が漂っています……。

日本とインドでは歴史や文化的な背景が異なるわけですから、仕方がないといえばそれまでですが、少なくともあのような車両が東京駅に入って来たとしたら、いくらテッセイのスタッフが優秀だとはいえ、「7分間の奇跡」など起こり得ません。新幹線車内にはもともとゴミが少ないから奇跡が起こせるのです。

そして、その背景には「敬意」のつながりがあります。

「敬意」とは人間として当たり前のことをすることである。

なぜ、日本の新幹線の車内にはゴミが少ないのでしょうか？

簡単に言ってしまえば、乗客の中に「敬意」が存在しているからです。

またその一方で、乗客のみなさんに敬意を示しながら車内の清掃をしてくれる人々がいることを知っているからに他なりません。

そしてそこには、乗客と、清掃をするメンバーとの「敬意」のつながりというものがあります。

では、ここでいう「敬意」とは何でしょうか？

辞書を引けば、敬意とは「（相手を）敬う気持ち。尊敬する心」と説明されています

が、私なりに端的に表現すれば、

「人間として当たり前のことをする」

ということになります。

誰に言われるまでもなく、新幹線の乗客の多くは下車するときに自分の出したゴミをひとまとめにして、通路のダッシュボックスに捨てて行きますが、それが人として当たり前のことだからです。

親や周囲の大人たちのそんな姿を見て育つ子どもたちは、自然に大人たちに倣《なら》うようになります。

日本人の中には、こうして育まれた「敬意」が潜在しています。

それゆえに、新幹線の車内にはゴミが少なく、東京駅の「7分間の奇跡」も可能なのです。

7分間の奇跡を実行しているテッセイのメンバーたちは、口を揃えて次のように言います。

「自分たちの仕事は清掃業ではありません」

「私たちは、おもてなし業です」

そう、メンバーのみなさんは乗客への「おもてなし」をしているのです。そして、敬意と敬意でつながっているからこそできるのが「おもてなし」なのです。

日本国憲法によると、天皇は日本の象徴だということになっています。

象徴を英訳すれば「シンボル」となりますが、外国のみなさんはおしなべて天皇のことを日本のシンボルなどとはとらえていないわけで、あくまでも「日本の国王」だと認識しています。

東日本大震災のとき、その天皇陛下は心臓の手術をなさったにもかかわらず、「どうしてもお見舞いに行きたい」ということで、東北までお越しになりました。そして、私どもの住む宮城県の浜沿いにいらしたときには、国民の胸を打つ姿をお見せになりました。

天皇陛下は美智子妃とともに瓦礫に向かい、深々とお辞儀をしたのです。

そのときは雨が降っていましたので、侍従の方が傘を差し掛けようとしますと、傘はいりませんと断わられ、深々とお辞儀をするのでした。

私たちの国の象徴であり、シンボルであり、他国から見れば国王の立場にある方が、雨の中、傘も差さずに深々とお辞儀をする。

これが「敬意」です。

天皇陛下は犠牲者の方々に敬意を表されたのでしょう。

その平成天皇が即位して20年を祝う式典のとき、雨が降っているにもかかわらず、皇居前にはたくさんの人々が集まりました。

天皇陛下がお姿を見せたとき、雨は少し小降りにはなっていましたが、その雨の中で傘も差さずに、こうおっしゃいました。

「みなさん、お寒くないですか」

第一声がそんなお言葉だったのです。

これこそが「敬意」です。

私は、そんな平成天皇に敬意を払っています。

講演やセミナーの席上で雨の中の天皇陛下の話をしますと、終了後に、

「佐藤さんは、そのようなことをすごく大事にしますね」

と、話しかけてくる方がいます。そんなとき、私は次のように答えます。

「だって、私たちの象徴ですもの！」

「私たちの国王ですもの！」

ただし、本音をいえば、国の象徴としてだけではなく、一人の人間として私は敬意を払っているのです。

天皇陛下というのは別格の存在ではありますが、これは一般国民にも共通していえることです。

自分は年上だから、目上の立場だから、あるいは社長なのだから、自分の部下や若い人たちには「敬意」を払わないという人は、結局は敬意を払ってもらえない人になっていきます。

仕事をするときに、あなたは敬意ということを意識したことがあるでしょうか……。

高校球児が示してくれた「敬意」と「敬意」は必ずつながるということ。

宮城県石巻市は東日本大震災のときの「人口対死者率」が最も高かった街です。その石巻市にある石巻工業高校が、２０１２年春の「第84回選抜高等学校野球大会」において21世紀枠で出場しました。

その前の年、つまり２０１１年7月の宮城県大会のときには、同校のグラウンドにはまだ瓦礫《がれき》が残っていて、彼らは野球ができる状況ではありませんでした。

そのような環境下にあって、部員たちは「自分たちに何ができるか？」と話し合い、「オレたちにできることは野球だ。野球でみんなを励ますしかない」という思いから、自らの手で瓦礫を片付け、グラウンドの一部を整備しました。そして、猛練習の結果、県大会にまで駒を進めたのでした。

県大会の入場行進のとき、彼らは「あきらめない街、石巻　その力に俺たちはなる」という横断幕を掲げていました。それを見た私は、若者たちの純真さに心打たれ、涙がボロボロと込み上げてきました。

その大会では残念ながら敗れてしまいましたが、続く秋の大会で勝ち上がり、東北大会まで進んだ戦績が評価され、翌2012年の春の甲子園野球大会の21世紀枠に選抜されたわけです。

同校野球部主将の阿部翔人君が開会式での選手宣誓のクジを引き当てたときには、私は「野球の神様って本当にいるんだな」と思ったものです。

「東日本大震災から1年、日本は復興の真っ最中です」

そんな言葉に始まる見事な選手宣誓に、甲子園球場は沸き上がりました。

第1回戦の対戦相手は鹿児島県代表の神村学園。試合は惜しくも9対5で敗れましたが、試合終了後の両チーム挨拶のとき、そこで感動的な光景が繰り広げられたのでした。

ホームベースをはさんで両チームのメンバーが整列し、「ありがとうございました」

と挨拶を交わした後、神村学園の選手たち全員が帽子とグローブをグラウンドに置いて石巻工業の選手のもとに歩み寄り、両手で握手をしたのです。

なぜ、グラウンドにグローブを置いたのでしょうか？

神村学園の松本喜次監督は朝日新聞のインタビューに答えて、次のようにコメントしていました。

「選手が、片手でなく両手で握手したいと言ったんです。我々は不自由なく野球ができる。震災で苦労しながらここまで来た相手への敬意です」

私は、感動しました。大人たちはよく、「最近の若い者は……」と言いがちですが、いまの若者たちの方が我々の世代よりもはるかに素晴らしい。心からそう思いました。

これに対して石巻工業主将の阿部翔人君は次のようにコメントしていました。

「神村学園の主将から『ありがとう』と声をかけられ、本当にうれしかった」

敬意というのは必ず伝わるものです。

その阿部翔人君は、「学校の先生になりたい」ということで、その後教育者としての道を歩むべく大学に進みました。いい教育者になるはずだと期待しています。

神村学園の選手の中では、石巻工業戦で救援投手としてマウンドに立った柿澤貴裕君が、野手としての才能が評価されてプロ野球チームのドラフト指名を受けました。それも、仙台を本拠地とする東北楽天イーグルス。これも何かの縁です。

プロ野球選手となった柿澤選手は、初任給の50万円を全額石巻工業に寄付しました。母校の神村学園ではなく、甲子園で戦った相手に寄付したのです。

「なぜ寄付したのですか？」

と質問された柿澤君は、次のように答えました。

「あの時の試合が自分の野球に対する姿勢を決定づけてくれました。どんな困難があったとしても、その困難から立ち直ろうとする。そのくらいの野球に対する情熱を示してくれたことに対して、私は何かを返さねばならないと、ずっと思っていました。わずか50万円ですが……」

敬意はつながるのです。

敬意は敬意を生むのです。

そして、甲子園の試合から1年後の2013年3月22日。

神村学園新チームの選手たちはわざわざ石巻まで出向き、石巻工業の選手たちといっしょに、まだ瓦礫の残っているグラウンドの整備をしました。

「1年前、甲子園で石巻工業と戦って、自分たちは野球をやる情熱をもらいました。その情熱を返したい」

という言葉どおり、いっしょに瓦礫を片付け、トンボをかけたのです。

整備を終えたグラウンドで、練習試合。試合ですから、当然、闘志むき出しでぶつかり合ったはずですが、グラウンド上には一人の人間同士としての敬意の交流があったはずです。

第4章

日本人に生まれた役割

長い歴史を持つこの国で祖先から代々受け継いできた日本人の生き方。

東日本大震災が起きた後、出張先のヨーロッパやアメリカの街中を歩いていると、

「あなたは日本人か？」

と、よく声をかけられるようになりました。

それまでは中国や韓国の方々との見極めがつかなかったようですが、もしかすると、震災時に連日のように目にしたニュース映像の日本人の姿により、違いを認識できるようになったのかなとも思われます。日本人だとわかると、

「どうして、あんなに行儀よく順番待ちができるんだ？」

決まって「譲り合い」の質問を受けました。

先にも触れましたが、私は震災のときには大阪にいて、翌日、新潟経由で仙台に戻りました。その間、あちこちに長い行列ができているのを見かけましたが、たしかにその列を乱すような人はどこにも見当たりませんでした。食料も水もない、ガソリンなんてどこにもないという混乱の中にあって、みなさん、整然と並んで自分の順番を待っているのです。それどころか、子どもを連れた女性がいれば、列の前へ前へと送り出してあげていました。

そして、信号が壊れた交差点では、予想されるクラクション音が聞こえず、左方優先という交差点のルールを各自が守り、非常にスムーズにクルマが流れているのが印象的でした。ドライバーも、道を譲り合っていたということです。

私たち日本人にしてみれば当たり前の光景かもしれませんが、そんな映像がメディアを通じて配信されると、世界の人々は、「信じられない民族だなあ」とある種の感動を持って日本人を高く評価したのです。

これは決して一過性のものではなく、いまでもヨーロッパやアメリカでは、こうした「日本人的な生き方」が語られています。

そして、その「日本人的な生き方」の中核にあるのが、「譲り合う心」です。

譲り合い、助け合い、そして互いを思いやる。

この日本人の特性が世界中で評価されているわけです。

私の職業は経営コンサルタントですから、世界のどの街を歩いていてもその国の経済や経営の状態に目がいきます。その視点で観察すると、日本は世界でも有数の豊かな国だということがわかるのです。

深夜の大都会で、若い女性が普通に一人歩きできます。数百メートルごとにコンビニエンスストアがあり、そこではどんな時間でも買い物ができます。どの店にも商品があふれていて、私たちは日常的にモノに不自由することがない。こんな豊かな国は世界のどこを探してもありません。

しかもほんの70年前には、アメリカとの戦争に負けて一面焼け野原となった国なのです。広島と長崎には原爆が落とされ、「今後１００年間は草木も生えないだろう」とさえ言われ、世界の多くの国々は実際にそう思っていたはずです。

それが戦後わずか40年ほどで世界に冠たる経済大国となり、一時はＧＤＰが世界第1位にまで上り詰めました。なぜあの国が……。世界は日本の経済成長に首をかしげたものですが、私はあの大震災後の日本を見て、ある事実に気づかされました。

それは、祖先から代々受け継いだ日本人の性格というものがいまの日本の繁栄をもたらしたのだということでした。

あの「譲り合う心」に象徴される日本人の性格がこの国に繁栄をもたらしたということ。そして、譲り合う心の根底には、本書でたびたびお伝えしている「敬意」が存在しています。

行列で子どもを連れた女性を前に前にと送るのは、その女性に対する敬意。

信号機のない交差点でクラクションを鳴らさないのも、他のドライバーに対する敬意。

言ってみれば、私たち日本人は「敬意の民族」なのです。

では、私たち日本人は、どうしてそんな敬意あふれる民族になったのでしょうか？

一言でいえば、日本が世界最古の国家だからです。

「ギリシャの方がもっと古いじゃないですか？」

そんな声が聞こえてきそうですが、実はいまギリシャに住んでいる人々と、当時のギリシャに住んでいる人々とでは民族が異なります。一方の日本は、同じ民族が住み続けているのです。同じ民族が住み続けているという意味では、日本ほど古い国家はどこにもありません。

しかもそこには天皇家という、世界で最も古くからある王朝が存在しています。

720年に完成した日本最古の史書『日本書紀』の記述内容を基に計算すれば、天皇家は2675年（編集部注・2015年時点）続いているという計算になるわけで、実は、この長い歴史が日本人の「敬意」を培ってきたのです。

安定継続社会がもたらした「恩送り《おんおくり》」という未来へのバトン。

イギリス王家の歴史は約４００年。アメリカの歴史はわずか２４０年余り。一方、日本の歴史は「古墳時代」と呼ばれる１７００年前にまでさかのぼることができます。企業の歴史を振り返ってみても、日本には老舗《しにせ》が多いことに気づきます。１００年間の歴史を刻んでいる会社が実に3万社。これはアメリカの約25倍。イギリスの約13倍にあたります。

さらに２００年の歴史を誇る企業も日本には約２０００社あります。こんな国は世界のどこにもなく、最近は「老舗」という言葉を世界登録しようではないかという動きもあるようです。

「古ければいいってもんじゃないでしょ?」

そうおっしゃる方もいるかもしれませんが、実はその1700年もの長きに渡り、外敵の侵入のない「安定継続社会」を維持してきたというところにこそ日本社会の大きな特徴があるのです。

1274年の蒙古襲来まで、日本は外敵に襲われたことがありません。その後、戦国時代や明治維新といった内乱は経験したものの、1945年の敗戦を迎えるまでは、日本には外敵が攻めて来なかったわけで、その間、農業を核とした「安定継続社会」を実現してきました。

あらためて言うまでもなく、私たち日本人の祖先は農民です。安定継続社会を実現するために、古くから各種の法令が整備されていました。

中でも特筆されるのが、奈良時代の初期にあたる723年5月25日に発布された「三世一身法」です。これは、溝や池といった灌漑施設を新たに設けて墾田を行った者には、〈本人→子→孫〉の「三世」に渡って土地の所有を許すというもので、ひらたく言えば、

「あなたが新たに耕した田んぼや畑は、あなたの孫の代まで、あなた方のものですよ」とする法令です。

このように720年代というはるか昔から土地の私有制を認めた、それも三代に渡って認めた国など、世界中のどこを探しても見当たりません。それほど画期的な法令だったということです。

外敵が攻めて来ない土地で、しかも親・子・孫の代まで私有が認められた土地で、人々は安心して田畑を耕してきました。親が耕した土地を子が耕し、孫が引き継ぎながら生きてきたのです。

だからこの国では農業が発展したという見方もできるでしょう。

ここで、親の心情を想像してみてください。

土と語らうようにして田畑を開墾しながら、

「子孫がよりよくこの土地で生きていければいいなあ」

「この村でずっと幸せに暮らしてくれるといいなあ」

一クワ、一クワに願いを込めて汗を流していたはずです。

それが私たちの祖先の姿なのです。

そんな安定継続社会の中から「恩《おん》送《く》り」という言葉が生まれました。

「親から受けた恩は子に返せ」という意味です。というのも、親の命には限りがありますから、その人に受けた大恩のすべてを彼の存命中に返すことなどとてもできません。そこで、私たちの祖先は、

「いいか、親から受けた恩は子に返すのだぞ」

自分の子どもにそう語り継いできたのでした。

子どもがかわいくない親はいません。

孫がかわいくないおじいさんもいません。

かわいい子どもや孫たちに、自分への恩が送られていく。そうなるためには、何より自分が村人に信頼される人間でなければなりません。

孫がもしもこんなふうに言われたら、どうでしょう？

「あんたのじいちゃんは朝から酒飲んで、村の手伝いも全くしないで、田んぼはいつも草ぼうぼうで、ほんとひどい人だったね。ほんとにまあ、あんたのじいちゃんはろくでもなかったねえ」

これでは孫は肩身の狭い思いをし、村では暮らしていきづらくなるはずです。

「あんたのじいちゃんはほんとに一所懸命働いて、誰よりも村の仕事を手伝ってくれて、そりゃあみんなに感謝されたものだったよ。だからその恩をあんたに返さなきゃね」

そう言われる親であり、おじいさんになりたいと思ったはずではないでしょうか。

もちろん、田畑を耕しながら一つのところに長く住み続けるからこそ、親の評判は代々刻まれていくのです。

そのために、私たちの祖先はどんなことを心がけていたのでしょうか？

日本が世界から信頼されるのは祖先が「勤勉」「真面目」「正直」に生きてきた結果である。

私たちの祖先は「信頼」を子孫に手渡すために、三つの特性を備えて日々の暮らしを営んできました。

まず一つ目が「勤勉」であること。毎日熱心にコツコツと働くことです。

なにせ両親や祖父母からは、

「田んぼに草が生える前に草を取りなさい」

そう教えられてきた民族です。それにしても、草が生える前に草を取るとはどういうことかおわかりでしょうか。それは、

「そこいらにいつも草が生えるだろ。生える前に種子を取りなさい」

ということなのです。

草が生える前に種を除く。これは、年がら年中田畑に目を光らせていなければならないわけです。勤勉でない人にはとても勤まることではありません。

二つ目は、「真面目」です。

裏表なく、陰ひなたなく、自分に恥ずかしくないようにやれということです。みなさんも、小さい頃に両親や祖父母にこう言われたことがあるのではないでしょうか？

「お天道様が見ているぞ」

「ご先祖様が見ているのだからね」

そして三つ目は、「正直」であることです。

つまり、嘘をつくなということです。というのも、嘘というのは信頼関係をあっという間に崩すということを私たちの祖先はよく知っていたのです。

私たちの祖先は、村人との信頼関係を持続させるために、「勤勉」「まじめ」「正直」の三つのことをとても大切にしながら暮らしてきました。その結果としていまを生きる私たちにもたらされたのが「恩送《おんく》り」なのです。

実は、日本が世界に誇る新幹線もこの「恩送り」によって実現したものです。

東京・新大阪間に新幹線が開通したのは1964年（昭和39年）ですが、計画の立案は戦前の昭和15年にまでさかのぼります。この頃すでに「東京発北京行」という青写真が描かれていました。東京から新大阪方面に向かうと、静岡を過ぎるあたりに「新日本坂トンネル」という長いトンネルがありますが、あのトンネルも「東京発北京行き」新幹線計画の一環として掘削されたものなのです。

その後戦争が激しくなったため、工事はしばし中断されました。そして、終戦後12年たった昭和32年に工事が再開されて完成したのが東海道新幹線だったというわけです。

おわかりのように、現在の新幹線は私たちがゼロからつくりあげたものではありません。父親や祖父、曾祖父の代からの「恩送り」によって実現し得たものなのです。過去は単に過去ではなく、現在も単に現在ではない。過去と現在は常につながっているのです。歴史の永続性を大事にしてきた日本人の特性であり、いまの私たちが受け継ぐべき大切なものです。

日本のパスポートにも「恩送り」がうかがえます。

いま、世界のパスポート市場では日本のものが最も高値で取引されているといいます。

「エッ、パスポートって取引されるんですか？」

と、疑問に思われる方もいらっしゃるかもしれませんが、みなさんが紛失したパスポートの中には、パスポート市場と呼ばれる闇のマーケットで取引されているケースがあるのです。旅先で掏《す》られたり、あるいは強奪されたりする場合は、かなりの確率で闇のマーケットで売却することを最初から目的としていると考えられます。

この裏のマーケットで最も高値で取引されるのが、表紙に菊の紋章がある日本のパスポートなのです。

なぜなら、各国のイミグレーション（出入国管理）でチェックを受けるとき、日本のパスポートは最もチェックがゆるい。つまり、ある意味最も軽い審査で世界中のどの国へも行けるからです。みなさんも海外旅行をした際、時間に余裕があるようでしたら、イミグレーションのカウンターで各国のパスポート・ウォッチングをしてみてください。他の国のパスポートはいかに時間がかかるか、そして日本がいかに早いかがよくわかるはずです。

いずれにせよ、世界中で最も信頼され、そのため高値で取引されているのが日本のパスポートなのです。

では、その日本に対する信頼は、いったい誰がつくったものなのでしょうか？あなたがつくったわけではありません。私が築いたわけでもありません。すべて私たちの父母、祖父母、曾祖父母、そしてその先の祖先が培ってきた信頼なのです。

いま私たちが快適な海外旅行ができるのは、本《もと》を正せば、祖先から代々引き継がれてきた「恩送り」によるものだということを忘れてはなりません。

子どもや孫の世代に何かの「種」を残すために生きる。

講演やセミナーで「恩送《おんおく》り」について話をしますと、ときどきこのような質問を受けることがあります。

「私は農家でもありませんし、会社の経営者でもありません。後に続く人のために残せる何かを持っているわけではないのですが、そんな私はどんな考え方でこれからの人生を過ごせばいいのでしょうか？」

そんなとき、私はいつも次のように答えています。

「あなたでも残せるのですよ、生き様を。あなたには、あなたにしかできない生き様があるはずです」

では、生き様とは何でしょうか？

過日、幼稚園の先生方を対象としたセミナーで、生き様についての話をしたことがあります。会場には、結婚適齢期を迎えていると思われる若い女性の先生が目につきました。

そこで私はまず、次のように切り出しました。

「みなさま方の中にはやがて結婚をし、子どもを生む方もいらっしゃるでしょう。それでもがんばって幼稚園の先生を続けます。やがて、あなたたちの子どもが孫を生み、あなた方はおばあちゃんになる。そして、定年で幼稚園を退職したとします……」

ある日、孫娘の手を引いて街中を散歩しているときに、かつて勤めていた幼稚園の前を通りかかりました。あなたは孫娘に言うでしょう。

「おばあちゃんはこの幼稚園に長く勤めて、何百人、何千人もの園児を送り出したのよ」

「へーッ、そうなの？」

「いまでもその子たちから年賀状をもらうときがあるけど、おばあちゃんが育てた子どもたちが、この街を本当に良くしてくれたのよ」

するとと孫娘は、あなたのことを見上げながら言うかもしれません。

「おばあちゃんって、いつも縁側でお茶飲みながら、おせんべい食べてるだけじゃないんだね。でも、本当にそんなにたくさんの子どもたちを育てたの？」

あなたは答えます。

「おばあちゃんは昔、本当にがんばったの。たくさんの子どもたちにいろんなことを教えて、教わって、その子たちが大きくなって、この街を支えているのよ。おばあちゃん、がんばったんだよ」

すると孫娘はニコッと微笑みながら、こう言ってくれるかもしれません。

「へぇ、おばあちゃん、がんばったんだね。えらかったんだね」

自分の子どもはかわいいものですが、孫という存在は別格のかわいさがあります。

純真無垢なかわいさがあります。その孫がつぶらな瞳であなたのことを見上げながら、

「がんばったんだね」

「えらかったんだね」

そんな言葉を投げかけてくれるとしたら……。

まさに珠玉の一言。人はそんな言葉のために生きているものではないでしょうか。

なぜなら、そう言ってくれた孫娘の心の中には、おばあちゃんが撒いた「生き様」の種が落ちているからです。

人間はなんのために働くのか——。

この本で繰り返し書いてきましたが、それは誰かの喜びのために働くのです。

誰かの喜びのために働く様を「生き様」と言います。

そしてその「生き様」は、子どもから孫へ、孫からひ孫へと引き継がれて行く。つまりあなたは「生き様」の恩送りをしながら生きているということなのです。

日本は世界からモデルにされるような豊かな国になりました。

それは私たちの祖先の功績であり、私たちがつくったものではありません。しかし、いえ、だからこそ私たちも、

「おじいちゃん、がんばったんだね」

「おばあちゃん、えらかったんだね」

そう言われるような生き方をしなければなりません。それこそが、働くということです。

「おじいちゃん、いっぱい遊んだんだね」

「おばあちゃんも、ずいぶん遊んで暮らしたんだね」

それでは、子どもや孫の種にはなりません。

人はみな誰かに喜ばれるために生まれて来ました。そして、仕事とはあくまでもそれを実現するためのものなのです。

この国で生まれた次の世代に何かの種を残すために働く。

私はそれこそが人生なのではないかと思います。

人はみな誰かのための自分であり、自分の命は何か別のものに移し替えることができる。

鹿児島県薩摩半島の南部に知覧という町があります。終戦直前に特別攻撃隊が飛び立って行った知覧基地があった町です。

それは戦闘機に爆弾を搭載し、操縦士を乗せたまま、アメリカの軍艦に体当たりするという作戦でした。それまでの戦争でも、命がけで突っ込む「決死隊」は存在しましたが、「必ず死ぬ」という作戦は皆無でした。それは、下してはならない命令だったのです。

知覧の基地からは16歳から38歳まで439名もの方々が必ず死ぬという作戦に従事し、帰らぬ人となりました。

「あれは洗脳されていたのだ」

そう主張する方もいらっしゃいますが、彼らは洗脳されるような人材ではありませんでした。「海兵陸士一高」という言葉もあるように、当時最も優秀な子どもたちは海軍兵学校に入りました。2番目に優秀な子どもが入ったのが陸軍の士官学校、そして3番目に優秀な子どもが一高、すなわち東大に入りました。

航空兵というのは、国家にとって貴重な最新兵器を扱うわけですから、海軍兵学校に入学できるくらいの頭脳の持ち主でなければなりません。同時に強靭な肉体と優れた運動神経が要求されます。つまり、余裕で東大に合格し、甲子園に出てエースで4番をつとめるような若者でなければ、航空兵にはなれなかったということです。

そんな若者に洗脳は通用しません。それどころか、彼らの多くは、いずれ日本は戦争に負けるということはわかっていたはずです。それでも、知覧から特攻隊として飛び立って行きました。

その知覧の地で、私は20年以上講演をしています。それは、

「人間は誰かのための自分である。自分を大切にしない人は、他人を大切にすることもできない」

ということを、みなさんにお伝えするためです。

特攻隊の人たちは死ぬことがわかっていましたし、戦争に負けることもわかっていました。しかし彼らは自分の命を何かに替えようと思ったはずです。

それでは、彼らは何に替えようと思ったのでしょうか？

それは、

「日本は負ける。しかし、その日本を命がけで守ろうとした自分たちのことを、勇気としてほしい。そこまでして守ろうとしたみなさんの命なのだから、どうぞ大切にしていただきたい」

つまり、自分の命を未来の日本人の「勇気」に替えてほしいと願ったのです。

いま、いじめで自殺する子どもたちが後を絶ちません。

特攻で死んでいった人たちは、そんな日本の社会をどのように感じているのでしょうか。

「いじめくらいで死ぬな」

きっとそう言いたいのではないでしょうか。

私も彼らに代わって言いたい。

「いじめなんて、いつの時代にもあったことだ。負けるな！　勇気を出して生き抜いてほしい」

その命は、自分のお父さんやお母さん、おじいさんやおばあさん、そのまた先の祖先の人々が、ときに艱難辛苦《かんなんしんく》に耐えながらつないでくれたことにより与えられた命なのです。

特攻隊の人々も、「きっと自分の死が、未来の日本人の勇気の種になるだろう」との願いを込めて、敵艦に突入して行ったのです。

そのことを思えば、命を粗末にすることなどできないはずです。

私は、知覧から飛び立った特攻隊の歴史を風化させてほしくないと願っています。とくに若い方々に、その事実を知っていただきたい。

知覧飛行場の跡に建てられている「知覧特攻平和会館」には死んでいった若者たちの遺書が展示されています。

その中の一つに、昭和20年5月４日に出撃し戦死した相花信夫少尉（18歳）の遺書があります。

遂に最後迄「お母さん」と呼ばざりし俺
幾度か思い切って呼ばんとしたが
何と意志薄弱な俺だったらう
母上お許し下さい
さぞ淋しかったでせう
今こそ大聲で呼ばして頂きます
お母さん　お母さん　お母さんと

（『相花信夫少尉の遺書』の一部を抜粋）


出撃にあたり、それまでなかなか「お母さん」と呼べなかった継母への思いを込めた遺書です。

あるとき、その遺書が展示された前で見学に訪れていた数人の女子高生が感想を述べ合っていました。

「かわいそうね。私たちと変わらない年よ」

たまたまその会話を耳にした私は、思わず声をかけました。

「かわいそうと言ってはいけないよ。ありがとうございました、と言うんだよ。あなた方のおかげで、私たちは素晴らしい未来を生きてますと言うんだよ」

いまを生きるわたしたちの命は、過去のその時代その時代を懸命に生きた数多くの先祖のおかげです。

そのことを思うとき、私たちの人生の役割が自《おの》ずと見えてくるのではないでしょうか。

自分の命を大切に生きること。それは誰かの喜びのために時間を使うこと。

東日本大震災の被害者の一人に、遠藤未希さんという当時24歳だった女性がいます。宮城県南三陸町役場の危機管理課の職員で、最後の最後まで住民に避難誘導をしていて犠牲になった方です。

彼女は庁舎2階にあった危機管理課の防災無線のマイクを握り、

「6メートルの津波が予想されます」

「異常な潮の引き方です」

「逃げてください！　高台に避難してください！」

津波が迫って来るまでの30分間に渡ってそう叫び続けました。そして、ご自身は逃げ遅れて津波に呑まれてしまいました。

彼女の誘導のおかげで命を救われた住民のみなさんは、声をそろえてそのときのことを述懐しています。

「あの方のおかげです。ただならぬ声だったので、私たちも避難しようと思ったのです」

そんな遠藤未希さんのことは、「天使の声」として埼玉県の公立高校の教科書にも取り上げられました。教科書で学ぶ高校生のみなさんには、どうか「かわいそう」の一言で片付けてほしくないと思います。

彼女がとった行動は、

「人間は自分の命を何か別のものに移し替えることができる」

ということを私たちに示してくれていると私は思うのです。

それは、私たちの仕事にもいえることではないでしょうか。

人間は誰しもいつか必ず死にます。

父と母から生を授かった瞬間にそれだけは決まっています。

すべての人には寿命があるのです。

ということは、遊んでいても、寝ていても、そして仕事をしていても、常に限られた寿命の一部を減らしながら私たちは生きているということなのです。

つまり、今日8時間仕事をしたとしても、8時間ぼんやり過ごしたとしても、同じ8時間の命を使ったということです。

「時間を使う」ということは、「命を使う」ということに他なりません。

では、「命を大切にする」とは、どういうことなのでしょう?

命を使って仕事をしているその時間が、どれだけ人の喜びに変わっているかということだと私は思います。

命が誰かの喜びに変わっているとしたら、それは命を大切にしているということではないでしょうか。

その意味では、遠藤未希さんの行動はこの上なく命を大切にしたということになります。

逆に、自分が使った命が何ものにも変わっていない。命を使ってした仕事が誰にも喜ばれていないとしたら、それは命を大切にしていることにはなりません。

たとえば振り込め詐欺や、危険ドラッグの販売をしてお金を稼いでいるような若者たちは、命を無為にすり減らしていることになります。

遠藤未希さんの行動でおわかりのように、命を替えるべきものは誰かの喜びです。幸いにも私たち人間は、声でも表情でも、その動作一つでも誰かに喜んでもらうことができる、そんな恵まれた生き物です。

前述した知覧の特別攻撃隊に関していろんな意見があることは、私も承知しています。国によっても評価はさまざまですが、とくにヨーロッパでは、彼らの行動を「忠義」だと見なす意見が多いようです。

なぜなら、彼らの中には、

「国が滅びるかもしれないというとき、そして自分の肉親の命がうばわれるかもしれないという局面に立たされたとき、自分の親や妻、姉や妹や弟のために戦うのは男としての本分である」

という騎士道の精神が根づいているからです。

一方、日本の戦後教育では、そんなことは教えてくれていません。それゆえに、「あれは、洗脳だよ」などという意見を述べる人もいるのです。

しかし、命とはそんなものではありません。


「人はそれぞれ役割をもって生まれて来る」

その言葉を生涯の師である船井幸雄先生から投げかけられた瞬間、私は命というものには使い方があるのだということを初めて知りました。

以来、自分の役割とは何か、自分がこの世に生まれて来た目的とは何だろうと、常に心の中で自問し、思い巡らし、答を探し求めながら仕事をしてきました。

社会人になって間もない20代前半の自分、仕事が面白く感じてきた30代の自分、独立を意識しはじめた40代の自分……。

そのときそのとき自分なりに考え続けてきました。

そしていま、たしかにいえること。それは——

人間の役割とは、命を大切に生きるということです。

命を大切に生きるということは、誰かの喜びのために自分の時間を使うということです。

誰かの喜びのために時間を使うということは、一所懸命に働くということです。
人生の幸せは、仕事の中にこそあります。

あとがき

私が社会への扉を開けようと手を伸ばしかけたあのとき、船井幸雄先生に出会っていなければ、そして、先生からあの言葉を投げかけていただかなければ、いまの私はありません。このような本を書かせていただくこともなかったでしょう。

しかし、同時にこうも思うのです。

東京タワーの巨大な脚に夕陽が照りかえすなんともいえない不思議な雰囲気が漂う先生の部屋で起こったあのときの出来事は、私の人生にとって、必要・必然・ベストのタイミングで起こったのだと。

我が生涯の師・船井幸雄先生があの世に旅立たれたのは、2014年1月19日午後10時01分でした。

訃報を知った深夜、私はこれからも先生の教えに生きようとあらためて決意し、先生の想いや命を未来に継承していくことが自分の天命だと感じる一方で、いや、もしかしたらこれから先、新たな天命を感じるときが来るのかもしれないとも思っていました。

なぜなら、私が考える三つ目の誕生日にあたる「天命」とは、自分の命が燃え尽きる瞬間まで求め続けるものだからです。

一人息子である由樹が重い障害を持って生まれて来たとき、先生は私の目を真っ直ぐに見つめ、こうおっしゃいました。

「そうか。……それはよかったなぁ。おまえに何かを教えようと思って、おまえを選んで生まれて来てくれたんだぞ……」

そんな由樹の口ぐせは、いつからか「お仕事、いいなぁ」「お仕事、あこがれ！」になりました。

そして先生がお亡くなりになった数カ月後の昨年の春、由樹も社会人となりました。入社式から1か月後の初給与の日、由樹はニコニコと満面の笑みをうかべながら封筒を持ち帰って来ました。

働いて初めて手にしたお金。計22280円。

その封筒に触れると、温かく弾むような、何ともいえない感覚がしました。

そのとき私は、まぎれもなく世界一幸せな父親でした。

「人間、生まれたからには、必ず役割を持っているんだよ」

船井先生の言葉を体現し、いつも教えてくれるのは息子の由樹です。

私はいつも彼を見て、今日一日、自分は誰かに喜ばれる存在であっただろうか、と思い巡らしています。


最後までお読みいただきありがとうございました。

心より感謝しますとともに、この本をお読みいただいた時間がこれからのみなさまのより良き人生のために少しでもお役に立つことを願ってやみません。

２０１５年５月

佐藤芳直

佐藤芳直　Yoshinao Sato

株式会社S・Yワークス代表取締役。

1958（昭和33）年2月、宮城県仙台市生まれ。

早稲田大学商学部卒業後、1981年に株式会社日本マーケティングセンター（現・船井総合研究所）に入社。20代からトップコンサルタントとして第一線で活躍、小さな商店から大手メーカー、教育関連企業、行政機関、観光開発、村おこしに至るまで、様々な分野で圧倒的な実績をあげる。1994年、当時の上場企業最年少役員に就任し注目を集める。

2006年3月、惜しまれながら同社常務取締役を退任。4月に家業である会計事務所を統合し、財務戦略と経営コンサルティングを主業とした株式会社S・Yワークスを設立し代表取締役に就任。「経営の目的は永続にある」という哲学のもと「百年企業の創造」を提唱するとともに、企業にとって社員こそが「財産」であるという信念のもと「人財」の教育にも力を注いでいる。

また、熊（グリズリー）の研究家としても知られ、25年来毎年アラスカへ熊の観察・撮影に訪れている。

主な著書に、『日本はこうして世界から信頼される国となった〜わが子へ伝えたい11の歴史』『［親子で読めるジュニア版］日本はこうして世界から信頼される国となった』（共にプレジデント社）、『外国人に伝えたくなる美しい日本人の姿』（すばる舎）、『はぐれ熊ロンリー』（たま出版）ほか多数。

◎S・Yワークス公式ホームページ　http://www.syw.jp/

役割

——なぜ、人は働くのか

2015年6月6日　第1刷発行
2021年3月12日　第4刷発行

著　者　　佐藤芳直

発行者　　長坂嘉昭
発行所　　株式会社プレジデント社
〒102-8641
東京都千代田区平河町 2-16-1
http//www.president.co.jp/
電話　編集（03）3237 − 3732
販売（03）3237 − 3731

装丁・DTP　仲光寛城（ナカミツデザイン）
協　力　江本正記、樫村政則
内藤洋子（S・Y ワークス）

企画・編集　藤代勇人
制　作　関　結香

印刷・製本　凸版印刷株式会社

ISBN978-4-8334-2134-8
Printed in Japan
落丁・乱丁本はお取り替えいたします。